JN027916

天と地をつなぐ
素晴らしき
メンズフラの世界

He pilina ka lani me ka honua i ka hula.
Welina mai i ka papa hula kāne.

田中 新
Shin Tanaka

Music : Pai'ea
Words: Moke Ka'ano

メンズフラダンスを踊る集団です
1分だけお付き合いください

#真面目に練習中シリーズ

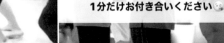

Words: Mary Pukui
Composed: Irmgard Farden Aluli

メンズフラダンスを踊る集団です
1分だけお付き合いください

#真面目に練習中シリーズ

Waimea I Ka La'i
Natalie Ai Kamauu

is life

フラ命みたいに言われるけど、そうではなくて

メンズフラダンスを踊る集団です
1分23秒お付き合いください
イケおじ軍団編

#真面目練習中シリーズ

メンズフラダンスを踊る集団で
1分間だけお付き合いください

#真面目練習中シリーズ

#心に栄養を
イケおじ軍団

#やってみようシリーズ

水星逆行に備えて
イケおじ軍団

#やってみようシリーズ

フラダンスの動きを取り入れ
体操的リールで
MONDAY
Let's Hakikino

約2ヶ月振りの
#やってみようシリーズ
たった30秒の

Kaha Ka Manu
Song by Waipuna
Nā Kawaikapuokalani Hewett

#真面目練習中シリーズ

フラダンスの動きを取り入れ

メンズフラを踊る集団です
1分だけお付き合いください

2023年2月21日にアップされたインスタグラムの
メンズフラの動画は、瞬く間に再生回数を増やしていった。
メンズフラ、メンズフラダンス、カネフラ。
フラダンスといえば、女性の習い事のように思われがちだが、
今、メンズフラが注目を集めている。
ハワイアンミュージックに乗って、
時に大波にも勇ましく立ち向かい、
鳥のように岸壁を降下し、
花になり、樹になり、
厳かに祈りを捧げ、
愛に満ち、森羅万象に感謝する。
彼らの口元にはいつも笑みが溢れている。
外に求める多幸感ではなく、
体の中から湧き出る多幸感はどこから来るのか？
その答えを探しに。
ようこそ、素晴らしきメンズフラの世界へ。

写真／笹崎 研（下から2段目、中央と右）

企画・編集　松山加珠子

装丁・デザイン　冨永浩一

撮影（2023年ホイケ、ゲネプロ、ある日のレッスン・座談会）　広川智基

写真（田中新プロフィールほか）　笹崎 研

写真（ハワイの風景ほか）　田中 新

取材・編集　瀬戸みゆき

校正　牧野昭仁

編集協力　小守直美

スペシャルサンクス

牛島敬太先生　池田雄記先生　キャメロン・コナビリアヒ・バーカーシ先生

ハーラウ・ケオラクーラナキラのみなさん

Contents

はじめてのフラ用語 text：瀬戸みゆき

本書によく出てくるフラ用語です。覚えておくと便利です。

フラ Hula
フラダンス。日本語でフラダンスと言うことが多いが、正確にはダンスは不要

クムフラ Kumu Hula
クムは、基礎、教師、導くという意味。クムフラで、フラの先生

ハラウ Hālau
もとは（カヌーを置く）縦長の家。フラ・ハラウがフラ教室、フラ・スタジオ。日本ではハラウがフラ教室という意味で使われる。正式にはハーラウと発音する（※本書では教室名など固有名詞はハーラウと表記）

アラカイ Alaka'i
リーダー、案内者。ハラウの中の上級生徒

カネ Kāne
男性。夫や、（女性の）恋人という意味も。少年はケイキ・カネ

ワヒネ Wahine
成人した女性、婦人。少女はカイカマヒネ

ケイキ Keiki
子ども、子孫

クプナ Kūpuna
祖父母や祖先。一般的に、高齢者という意味で使われる

クプナカネ Kūpuna Kāne
祖父、男性の祖先

オリ 'Oli
踊りを伴わない詠唱、踊りを伴う場合は、チャントと言う

メレ Mele
詩、歌

ベーシック・ステップ Basic Step
カホロ、ヘラ、ウヴェヘ、クイなど、フラの基本ステップ。動かす足の角度や向きは各ハラウで違い、それがハラウの特徴になる

ハンドモーション Hand Motion
歌詞を表わす手の動きのこと

カヒコ Kahiko
昔、古いという意味。フラ・カヒコは古典フラ

アウアナ 'Auana
フラ・アウアナで現代フラ

ウニキ 'Ūniki
フラや格闘技、昔の芸事の卒業セレモニー。正式にはウーニキと発音する

ホイケ Hō i'ke
見せる、見るという意味で、発表会を表わす。正式にはホーイケと発音する

アリイ Ali'i
酋長、王族、王、女王、貴族

ホオパア Ho'opa'a
楽器で拍子をとりチャントを唱えるダンサーのための演奏者

イプヘケ Ipu Heke
2つのヒョウタンをつなげた打楽器。主にフラ・カヒコで使用する

パフ Pahu
ドラムという意味。神聖なフラの演奏に用いる

メンズフラアンケート

【カネ】【マクアカネ】【クプナカネ】クラス35名の方にご協力いただきました。
Q1 フラを始めたきっかけはなんですか？
Q2 フラを始めて変わったことはなんですか？
Q3 好きなフラの楽曲はなんですか？
Q4 あなたにとってフラとは？

Q1 フラを始めたきっかけはなんですか？

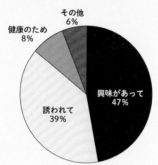

その他
6%

健康のため
8%

誘われて
39%

興味があって
47%

Q2 フラを始めて変わったことはなんですか？

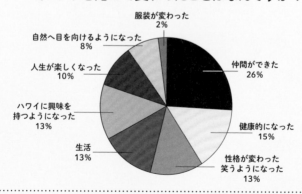

服装が変わった
2%

自然へ目を向けるようになった
8%

人生が楽しくなった
10%

ハワイに興味を
持つようになった
13%

生活
13%

仲間ができた
26%

健康的になった
15%

性格が変わった
笑うようになった
13%

フラを始めたきっかけは、誰かに勧められてというよりも、元々興味を持っていた方が
上回りました。フラを始めて変わったことのダントツは「仲間ができたこと」。とくに、今ま
で知り合えなかった人たちと50歳を過ぎてつながりができた喜びは大きいようです。
Life is Hula——といっても、「人生がフラ」という解釈ではなく、日々の中に、当たり前
のものとしてフラがある。

Chapter 1
Welcome to the
Men's Hula!

ようこそ、素晴らしきメンズフラの世界へ

　はじめまして、田中新です。本校は東京三田麻布十番、分校は鵠沼海岸、鹿児島、広島、そして千葉でフラダンス教室【Hālau Keolakūlanakila（ハーラウ・ケオラクーラナキラ）】を主宰しています。【フラ】を通じて「毎日をもっと笑顔に、より彩りのある日常を」目指し、最年少は5歳、最高齢は88歳と、様々な年代の方々が通う教室を立ち上げて10年が経ちました。

　僕がフラを始めた母の教室では、僕を含めてたった3人しか男性がいませんでした。コツコツと活動を続け、2013年6月に母の教室から独立して自分の教室を始めた時は15名、今では55名、生徒さんの約1/3が男性という全国でも珍しい教室になりました。しかも5年以上通っている生徒さんは、全体で95名ほどいます。

　教室を設立した当初から、カネ（ハワイ語で男性のこと。女性はワヒネ）ダンサーである僕がカネのクラスを持つことは当たり前だと考えていました。そこで、女性のクラスと同じように年代別に3つのクラスを設けました。

　月曜夜8時の13歳～40代の男性クラス【カネ】には中学生から大学生、仕事を終えて駆けつける会社勤めの方など、もっとも年齢層の幅が広く、かつ古典フラのカヒコなど、楽曲もバラエティに富んだものが多いクラスです。火曜日の夜7時半からは40～60代のインスタグラム人気の火付け役にもなったイケおじのみなさんが集まる【マクアカネ】のクラス。水曜午後2時半からは60～80代の【クプナカネ】のクラス。激動の昭和を生き抜いた経験豊かなGIGI'sが、ゆったりと踊ります。

　どのクラスも真剣で探究心に溢れ、そして、笑い声が絶えません。レッスンを終えた後は、みな晴れやかで背筋がピンとして、足取り軽やかに帰っていきます。その後ろ姿を見送る時、フラと共にある人生っていいなと思うのです。

　それでは、ようこそ、素晴らしきメンズフラの世界へ。

フラは老若男女、いつからでもいつまでも

　フラという文化は老若男女すべてを受け入れてくれます。ハワイでは2歳頃から始める人も多く、年に一度行われるメリー・モナーク・フェスティバルのミスフラ部門に出場するダンサーたちも、23歳でフラ歴20年とか、驚きのフラ歴だったりします。

　ハワイでのフラは年齢によっても楽しみ方が違って、幼少期から大学生くらいまでは、「私たちハワイアンはこうして生きてきた」といったハワイアンとしての矜持を次世代に伝えている面があります。大学を卒業すると、ハワイでも普通に就職をしてしまったり子育て世代になったりと、フラから離れることは少なくありません。30代から40代のハワイのフラダンサーは「習い事」の範疇ではすでになく、もう少し深く踏み込んだ「文化の継承のため」のフラにシフトチェンジしています。50、60代になると、今度は自分たちの文化の楽しみ方を伝えていくといったように、老若男女問わず受け入れられる存在がフラなのでしょう。

　僕の【クプナカネ】の教室には交通事故で怪我をしてリハビリのために70歳からフラを始め、パーキンソン病を患う男性がいます。87歳にして今なお現役でフラを踊り、ウクレレも爪弾き、「生涯フラをやめようと思うことは絶対ない」と通ってこられます。そうかと思えば、13歳の男の子が「どうしてもフラをやりたい」と【カネ】のクラスで大人たちにまじって練習を続けています。

　日本では、「習い事」として、心地よい癒し系の音楽に乗せて踊るのがフラダンスだと思って足を踏み入れる人も多いでしょう。しかし、覚えることがいっぱいあったり、自分の手足が自在に動いてくれなかったり、いろんな壁があります。でも、うまくなりたいと思う「同じ目的の仲間」ができて、異文化としてのフラの深さに魅了され、真摯に向き合っていくうちに、結果、自然と体幹が鍛えられていたなんてことになれば、嬉しいものですね。

フラの基本。息を吐き、息を吸う

　多くの舞踊に共通すると思いますが、フラも頭を上から吊られるような姿勢が基本
で、この姿勢が健康な身体づくりにつながります。背骨をぐっと上に伸ばしつつ、座骨
を下へ押し下げる。この時、上がる筋肉と下がる筋肉がインナーマッスルの骨盤底筋
で、内臓を最後に守ってくれる部位なのです。

　フィジカルな面から言うと、この筋肉は、姿勢だけでなく、深呼吸によっても鍛えられ
ます。息を吸ったら胸は上がり、骨盤底筋は下がります。そして吐くと、胸は下がって
骨盤底筋はぐっと上がる。肋骨の下にある内臓は骨に守られていないので、骨盤底筋
が緩んでくると内臓が下がり、骨盤に負担がかかってしまいます。毎回のレッスンでは、
深呼吸から始めることで、フラで求められる姿勢をキープすることができます。

　息を吐き、息を吸う。
「あぁ、ありがとう」と穏やかに、息を吐きながら、息を吸いながら、唱えてみると、フラ
は踊りというジャンルを超えて、コミュニケーションになり、会話になり、祈りとなるの
かもしれません。

【カヒコ】（古典フラ）と【アウアナ】（現代フラ）

　メンズフラといって思い浮かべるのは、火を使ったポリネシアン・ダンスショーでしょうか？　今でもハワイのショーといえば、こちらを想像することも多いですが、これはフラとは言いません。現在、フラは「カヒコ」と「アウアナ」という種類に分けられるのが一般的です。

　ハワイ語でカヒコは"古代の、昔"という意味で、フラ・カヒコが古典フラ、対してフラ・アウアナは現代フラのこと。とすると、カヒコが"古い"ならアウアナは"新しい"と思われがちですが、実は新しいではなく、"drift（徐々に変化してゆく）、ramble（四方八方に広がる）"という意味があります。昔から伝わるフラに対して、アウアナという言葉を選び、それまでに無かったいろいろなフラが創られる方向性をも示唆したところに、文字を持たずに何百年も文化を伝承してきたハワイアンの語彙の深さを、僕は感じてしまいます。

　そもそも、カヒコ、アウアナというカテゴリーが生まれたのは、1971年にメリー・モナーク・フェスティバルがフラ競技会として始まってからのこと。それ以前は、分類するとすれば、王族が主題のフラ・アリイ、ペレ神話を表すフラ・ペレ、土地を表わすフラ・アイナのように、フラで踊られる主題で分けられていたようです。

　古典フラをカヒコ、現代フラをアウアナと略して話を進めましょう。カヒコは昔から伝承されてきた踊りで、ホオパアと呼ばれる演奏者の演奏と、簡単な節をつけて唱えられる詩に合わせて、昔の装束を纏ったダンサーが踊ります。演奏に使われるのは、ヒョウタンで作られるイブヘケかパフと呼ばれる太鼓で、調子を刻む打楽器の音とハワイ語のチャントの響きが古代ハワイの調べそのものです。

　アウアナは、西洋由来の装束を纏い、ウクレレやギターといった近代楽器の演奏に合わせて踊るスタイルのフラです。人気のハワイアン・ソングや、ダンサーの華やかな衣装は、見ても聴いても楽しめます。

　日本では、最初にアウアナを習うことが多く、一般的にはカヒコが上級向けと思われがちですが、本来はカヒコが先。ハワイでは、小さな子が最初に習うフラはたいていカヒコからです。

＊ウクレレは1879年にポルトガルから渡ってきたブラギーニャという楽器をモチーフに作られた。'UKUはノミ、LELEは跳ねるという意味で、巨漢なハワイアンが小さなブラギーニャを爪弾いていた際につけられたネーミングらしい。

フラとレイと精霊たち

　フラを踊る際、必要不可欠なものがレイです。ハワイアンは植物をも神格化させ、そこに精霊が宿っているという概念を持っています。「キノラウ」(Kino Lau)という考え方で、神の化身とも訳されます。植物のみならず、海に生きる生物から、山々や渓谷にまでこの考えは及びます。

　楽曲によってレイの素材は多岐にわたります。海の歌であれば貝殻を使用し、山であればその山に生息する樹木や植物を使用します。あるいは鳥の羽根を使ったレイもあります。基本的には使用する分の採取のみが許され、乱獲は禁じられています。古代ハワイアンは生かされている自然の資源が枯渇してしまうということを知っていました。そして、自然を非常に大切に扱ってきました。古代ハワイで羽根のレイを作る職人は1羽から抜け落ちた羽根3枚のみを使い、1本を作るのに数十年かかったとも言われています。

　ニイハウ島でしか採取できないニイハウシェルと呼ばれる貝も、数十年かけて、同じ大きさや形の貝殻を集め、それを加工してレイにしたりします。植物を採取する際は、まずその山に入る前に山の中にいる精霊たちへ「オリ」('Oli ／詠唱)を唱え、許可を得てから採取します。新芽を採ることは禁止され、成熟したものを採ります。さらに、植物をカット(もぎ取ることもある)する際は、「ここを切ります」と伝えてからカットすることもあります。そうすると、葉脈に流れる植物のエネルギーが、切られる側と切られない側に分かれてくれるそうです。そうやってカットされた植物とそうでない植物とでは、日持ちが違うそうです。そして、レイとして使われた植物は、感謝と共に、基本的には採取した土地へ返します。

　自然のエネルギーと共に神事を行うことこそが、フラの原点なのかもしれません。

写真／田中 新

フラの歴史は山あり谷あり

　ハワイアンの祖先は西暦500年ごろ、ハワイの遥か南のマルケサス諸島から渡ってきたと考えられています。タヒチ島やライアテア島からの移住が800年ほど続いて途絶え、その後、ハワイ独自の文化が生まれました。ハワイアンは文字を持たず、物事はすべて口伝えでした。神々を讃える祈りや偉大な酋長の伝記、戦いや自然災害の記録、漁や農作の知識、一般庶民の娯楽にも、膨大な数の詩が生まれ、それを、唱え、歌い、踊り継いできました。フラはハワイアンの生活に欠かせない、重要なものだったのです。

　1778年、ハワイにクック船長が到達し、その時、船長は「科学技術は石器時代のようだが、島人が踊るフラは、詠唱者も踊り手も高度に洗練されていた」と記しています。また、その後にハワイを訪れた欧米の船長や船員によって、この時代に踊られていたフラが、記述や絵で残されました。

　当時、ハワイは各島の酋長が争う戦国時代でしたが、1810年にカメハメハ大王がハワイを統一。フラも盛んに踊られていたと思われますが、1819年に大王が死去すると、カアフマヌ王妃が実権を握ることに。

　1820年にアメリカの宣教師団が到来すると、カアフマヌ王妃はキリスト教へと改宗。王妃の後楯を得た宣教師は、フラを淫らな踊りだと弾圧を始め、10年後にはカアフマヌ王妃の命で、公の場でフラを踊ることを禁じられました。

　それ以降、40年間、山奥に隠れ住んだわずかなクムフラと、カメハメハ王朝の宮廷内で、フラは細々と伝えられたようです。第7代ハワイ国王カラーカウアが自身の戴冠式をフラで大々的に祝いましたが、1893年にハワイ王国が滅亡。ハワイはアメリカ準州となり、経済も文化もアメリカの支配下に。ワイキキは高級リゾート地化され、ハワイアンはハワイ語も禁じられて、文化的にも社会的にもハワイの底辺へ追いやられていくのです。

　1930年代には『バード・オブ・パラダイス』に代表されるハリウッド映画が次々に公開され、本来のフラとは異なるセクシーなフラガールが世界的に知られるようになりました。豪華客船で世界の富裕層がハワイを訪れるようになり、フラはタヒチアン・ダンスやサモアのファイヤーダンスと一緒くたにされ、観光客向けのショーで踊られる時代が続きます。

　古来のフラが、本当の意味で復興を始めるのは、1970年代。インディアンやアボリジニ、アイヌ、ハワイアンなどが声を挙げ、先住民族の復興運動の機運が高まったのです。これを機に、失われかけていたハワイ語や、伝統的なフラを蘇らせようと、当時の高名なクムフラやハワイ文化の重鎮たちは各地で講習会を開き、フラ復興に尽力しました。それから50年経った今、フラはハワイの伝統舞踏と認識され、世界中で愛されています。

写真／笹崎 研

普段の姿

レッスン中の姿

勇敢な戦士の姿

メンズフラにはどんな人が来ている？

　日本の現状では、圧倒的にフラをやられている方は女性が多いのですが、元々フラは男性しか踊ることを許されていなかったとも言われています。それは世界の各文化において、神事を行うのが男性のみとされていたことにも類似しているかもしれません。男性らしくフラを踊るためには、力強さ、大地の上で踊るような土臭さが必要となります。男性らしいキレのある踊り、迫力のあるステップ、たまに見せる子どものような遊び心。それこそが男性が物語るフラの形です。

　僕の教室に通われる男性は本当に様々な職種の方々がいらっしゃいます。芸能界、医者、神主、住職、青果販売、造園業、一流企業の企業戦士、介護福祉士や会社の社長や会長、等々。中には2億円の負債を抱えたこともあるという方もいらっしゃいます。きっかけは「ハワイで力強いカネフラを見た」「妻がフラをやっていた」「テレビで見た」「インスタのリール動画で見た」など、様々なルートでサイトに辿り着いて体験レッスンにいらっしゃいます。

　なんだかこの頃、生活に張りがないなとか、このままで歳を取ってもいいのかな？ とか思ったりした時に、ふと、ああ習い事をしてみようかな、って、思われた方が体験レッスンに多くいらっしゃいます。その方々に、僕が必ずお話しするのは、何のために習い事をするのか？ ということ。自分のスキルを向上させるとか、フラが上手くなりたい、とかは実は二の次だと僕は思っています。
　僕は体験者さんに必ず、「心を豊かにする」ためだと伝えています。
　その動機はまさに、「自分の心の余裕を費やせる時間」であり、それが心を豊かにするものになっていく。それはギターでも俳句でも将棋でも料理でもいい。僕の教室に来ている人たちは、それがたまたまフラだった。フラに呼ばれたんだと思います。

あなたが喜んでフラを踊れば、
フラは喜んであなたと共に踊る。

メンズフラアンケート

Q1 フラを始めたきっかけはなんですか？

親の影響で5歳の時から。
(カネ・フラ歴22年・27歳)

大学のサークルで勧誘されて。
(カネ・フラ歴10年・28歳)

お姉ちゃんがフラをやっていたから、僕もやってみたいと思い、フラを始めました。
(カネ・フラ歴1年・13歳)

妻が先に始めていて、ハラウでカネクラスを始めることになったので。
(カネ・フラ歴17年・47歳)

15年ほど前にハワイアンミュージックのライブレストランに通っていた頃、その店に新先生の生徒さんがいらして、男性フラのスピーディな動きや表現の面白さに触れて自分でも習ってみたいと思いました。
(マクアカネ・フラ歴15年・67歳)

元々ハワイ好きでラナキラのステージを見て。
(マクアカネ・フラ歴7年・67歳)

約20年前にオアフ島に旅行した際に、男性が踊るフラを初めて見て衝撃を受けました。それ以来、習うチャンスを探っていました。まる7年が経ちました。
(マクアカネ・フラ歴7年・64歳)

9年前、旅行で行ったハワイ島でクプナカネの生徒さんに誘われたのがきっかけです。
(マクアカネ・フラ歴10年・57歳)

港区民祭りのステージを見た妻と娘に「父さんに踊ってもらいたい」と言われて勧められた。
(クプナカネ・フラ歴6年・76歳)

ハワイのマウイ島に1990年よりロングステイ十数年。フラに興味なく2016年にロングステイをやめ、ハワイつながりでフラに入門。
(クプナカネ・フラ歴8年・83歳)

ウクレレを始めて歌っていて、仲間に勧められた。
(クプナカネ・フラ歴8年・88歳)

ハワイでフラを見てやりたくなった。
(クプナカネ・フラ歴2年・69歳)

Chapter 2

How about Hula Lesson?

ある日のレッスン①

【Mākua Kāne】40〜60代の男性クラス編

マクアカネのレッスンは火曜日夜7時30分から始まります。7時すぎには三々五々、仕事帰りの生徒さんが入ってきます。スタジオ内ではすでに自主練が始まっていて、仕事の都合で30分、1時間遅れてくる生徒さんもいますが、「遅れてすみません」とは言いません。その頃、新先生は体験レッスン参加者へオリエンテーリング。

**19:00〜
20:00**

音楽がかかると、一斉に踊り出し、自主練がスタートします。先週のおさらいをしたり、わからないところを教えあったり。メモや動画や記憶を辿って情報をシェア。

新先生がスタジオに入ってきて、レッスンに参加できない人のために、カメラをセット。リアルタイムで配信され、アーカイブにも残ります。みなさん車座に座り、まずは体験レッスン参加者の自己紹介。イベント等の連絡事項を共有し、本日のお題「初めてフラをやってみようと思った時、ハードルはなかったか？」へ。そもそも「社交ダンスをやっていた」「妻がフラをやっていた」など、ある程度知識があった方が多く、「ここにきている人に羞恥心はないんじゃない？」と声が上がり、大爆笑に！

体も気持ちも温まった頃、レッスンが始まります。まずは深呼吸。吐いて、吸う。これ、大事です。そして、声を出して「オリ」を唱えます。

**20:30~
21:00**

ベーシック。足の裏全体でステップを踏みます。「フラは基本、裸足で踊るのはなぜか？ 靴を履く習慣がなかったから（笑）。ハワイのクムフラからは、"大地のエネルギーを受けるため"と言われます。べた足でステップを踏むのはより広く大地のエネルギーを受けやすくしたいからだと思う」と新先生。

新先生はイブヘケ（ヒョウタン）でリズムをとります。

ウォーミングアップの反復横跳びには、
さすがに息の切れる人たちも。

休憩時間には水分を補給し、熱気のこもったスタジオの空気を入れ替えます。なぜか、スマートウォッチ装着率も高く、理由を聞いてみると「こんなに心拍数があがってるぞって警告が鳴るように」するためだとか。休憩時間も復習に余念がありません。

休憩

「辻褄を合わせておかないと」先週の振りを脳内で準備。

「足が攣っちゃったよ」

本日の振り（付け）の楽曲は「レペウラウラ」（Lepe ʻUlaʻula）。これから約3カ月かけて完成していきます。"Lepe"は雄鶏のトサカ、"ʻUla"は赤いという意味。単語をつなぎ合わせていくと……赤いトサカを持っているのは、雄鶏？　投げ縄の得意なカウボーイが鳥を捕まえる??　お前に忘れられない焼印をいれる???　単なる雄鶏の歌ではなく、もっと大人の物語らしい……そんなところもフラの興味深い一面です。フラの歌詞にはいろんな愛の形を歌ったものもあり、歌詞の内容を知らないままケイキ（子ども）に踊ってもらったりするとハワイアンにびっくりされることも。

これはエトア・ロペスの振り付けだとか。
実は新先生の十八番！

こう、髪をかきあげ・・・る髪がない‼ 爆笑

手の振りが入ると、ついステップが
おろそかになってしまいます。

Lepe ʻUlaʻula

Music : Nā Palapalai (2002)

7,146

57

10

shin.tanaka.fanakila

フォローありがとうございます …

これが「クイ」というステップ。

2カ月半でインスタに登場！

21:30　　最後に再び円陣を組んで終わります。

みんななにかしら得手不得手がある。
それを補うためにみんなでフラを踊る。

ある日のレッスン②

【Kūpuna Kāne】60〜80代の男性クラス編

クプナカネ

平均年齢75歳のレッスンは水曜日午後2時30分から4時30分まで。一週間に一度のレッスンのため、電車に乗り、スタジオまでやってきます。ハラウの創立時からのメンバーも多く、新先生を支えてきました。

クプナカネもマクアカネと同じく
「レペウラウラ」の振り。

「先生、できねーよ」と弱音を吐く人もいれば、
何度も繰り返し黙々と練習する人も。
「やれば、必ずできます」と新先生、手加減なし。

真冬でもお気に入りの着込んだＴシャツに短パン姿。
さすがハワイ通の年季が違います。

全体を見渡しながら、個別にポイントを教える新先生。
人の振り見て我が振り直す経験値の高いクプナのみなさん。

GIGI'sとしてイベントに呼ばれることも多く、
ステージに立つと、急にオーラが！！！

フラにはその人の過ごして来た時間、
人生経験が反映される。

ある日のレッスン③

【Kāne】13歳〜40代の男性クラス編

カネ

月曜日夜8時から10時は【カネ】のレッスン。13歳から40代と、年齢層の幅がもっともあるクラス。
体力も筋力もあるので、ホイケでも逞しいカヒコを披露しています。

基準は、ハワイの人たちが見て「Oh, Nice, You」って言われること。その第一として、足の裏が
大地とつながるようにします。自分の腹が1ミリ下がるだけで、踊りが全然違う。

【カネ】が練習しているのは、「カ・マヌ・ピカケ」（Ka Manu Pīkake）。静かなところに、孔雀の声だけが、「ファー」って鳴り響く。孔雀は気どっているけれど「うるさくてたまんねーよ」という歌詞。では孔雀は下から揺らしながら羽を広げてるのか？　それとも広げてから揺らすのか？　「東武動物公園の孔雀は最初から揺らしていました」と生徒さん。「最初から揺らさないで」と新先生。

「ハンドモーションがつくと手はとてもわがままなので、どうしても足がおろそかになる。ステップはしっかりと！」と新先生。

本日は、カヒコの練習で締めました。

約2カ月後、インスタにアップされました。

ステップは踏んだ分だけうまくなる。
毎日毎日向き合えば、
それは血となり肉となり
あなたを創り上げていく。

メンズフラアンケート

Q2 フラを始めて変わったことはなんですか？

服装がアロハ、ジーンズに変わった。ハワイによく行くようになった。ハワイアンを演奏するようになった。
（クプナカネ・フラ歴9年・70歳）

踊ることで体力の向上、姿勢の矯正などに注意するようになった。自分の過去には出会っていない多彩なHula仲間ができ、人生が楽しくなった。
（クプナカネ・フラ歴10年・78歳）

ギター、ベース、ウクレレを弾くのですが、全て自己流でした。人に教わることで少し謙虚になった気がします。
（クプナカネ・フラ歴8年・70歳）

世間が広がった。
（クプナカネ・フラ歴1年・83歳）

ハワイの伝統文化の奥深さと、体で表現することの大事さを学んだ。
（マクアカネ・フラ歴1年・65歳）

体幹が安定した。サーフィンが上手くなった。
（マクアカネ・フラ歴6年・50歳）

自分の体を思うように動かすことの難しさと楽しさを覚え、自分の体への興味がわいた。観ている方に楽しんでもらえる楽しさを覚えた。
（マクアカネ・フラ歴10年・54歳）

元々、アメリカンフットボールでチームワークの大切さは痛いほど知っていましたが、フラの世界でも仲間とチームワークの大切さを改めて知りました。
（マクアカネ・フラ歴8年・69歳）

50代になって共通の趣味・興味を持つ友人がたくさんできた。表面的な体の動きから内面の心の動きまで、続ければ続けるほど奥深さを感じると共に、なかなか対応ができない自分との葛藤もまた楽しい。
（マクアカネ・フラ歴9年・61歳）

雨や風など自然現象や鳥や花など動植物への見方が変わりました。
（マクアカネ・フラ歴10年・56歳）

笑うことが多くなった。
（マクアカネ・フラ歴7年・67歳）

日常生活では経験できないことを一緒に体験できる仲間ができた。
（カネ・フラ歴1年・55歳）

やせました。いろいろなものに話しかけるようになった。
（カネ・フラ歴17年・46歳）

メリハリを意識するようになり、身体の動かし方を考えるようになった。
（カネ・フラ歴1年・46歳）

やせようと思わなくなりました。
（カネ・フラ歴1年・51歳）

メンタルが強くなった。自分に自信がついた。表現力が豊かになった。
（カネ・フラ歴22年・27歳）

足が太くなり、Gパンが履けなくなった（泣）。
（カネ・フラ歴10年・28歳）

Chapter 3

What does Hula
Tell You?

SHIBA

KONA

My Little Grass Shack in Kealakekua, Hawi'i
小さな藁葺き屋根の家

Words & Music by B. COGSWELL, T. HARRISON and J. NOBLE

Choreographed by @shin tanaka.lanakila

教室に通っているクプナカネの生徒さんの中に、3カ月ごとにハワイと日本を行き来していた方がいらっしゃいます。その方はハワイ島の海の楽園と言われるケアラケクアに住んでいたのですが、日本に永住を決意します。しかし、やはりケアラケクアが恋しい。それじゃあと、ホームシックになったケアラケクアの少年を歌った、この曲を踊るしかないと思い、シェアをしました。この曲はハワイ好きなら知っている人も多い（特に高齢者たち）ので、他の生徒さんも親近感を持って踊れると思いました。今ではインスタグラムで人気の平均年齢75歳、GIGI'sの十八番と呼ばれ、イベントや発表会でも欠かせない楽曲になりました。

楽曲について

1930年代に書き下されてから、たちまちアメリカ全土でカバーされた一曲。最初に歌われたのはケアラケクア湾で行われていたカヌーレースだとか。沖にいる選手たちに向けてのパフォーマンスだったそうですが、アメリカで一世を風靡した伝説のジャズ・オーケストラ楽団のポール・ホワイトマンやソウルミュージックの創始者の一人とも言われるレイ・チャールズ、さらにはキング・オブ・スイングとまで呼ばれたベニー・グッドマンらにもカバーされています。日本では昭和初期に、日野てる子や大橋節夫といった日本ハワイアン音楽界のレジェンドたちに歌われています。ハイカラなハワイアンブームをご存じの年代の方々にはたまらないでしょうね。

My Little Grass Shack in Kealakekua, Hawi'i

Composed by by Bill Cogswell, Tommy Harrison & Johnny Noble

I wanna go back to my little grass shack in Kealakekua, Hawai'i
I wanna be with the kānes and wahines that I used to know

I can hear the old guitars playing
On the beach at Hōnaunau
And I can hear the old Hawaiians saying
"E Komo mai nō kāua i ka hale wela ka hao"

It won't be long till my ship will be sailing back to Kona
A grand old place that's always fair to see
I'm just a little Hawaiian, a homesick island boy
I wanna go back to my fish and poi

I wanna go back to my little grass shack in Kealakekua, Hawai'i
Where the humuhumunukunukuāpua'a go swimming

小さな藁葺き屋根の家

日本語訳詞・田中 新

ハワイ島ケアラケクアにある小さな藁葺き屋根の家に帰りたい
昔っから良く知るあいつとかあの娘とかとつるんでさ

古臭いギターの音色が聞こえてくる
そうそうホーナウナウのビーチから
それでお爺ちゃんやらおばあちゃん達がこぞって
「暑苦しい家だけどよってきなー」って言うのよ

コナの入り江に到着するのもあと少し
いつ見ても素晴らしい古都
僕なんかただただホームシックなアイランドボーイよ
魚とポイを食べたいだけ

ハワイ島ケアラケクアにある小さな藁葺き屋根の家に帰りたい
フムフムヌクヌクアプアアと一緒に泳げるあの場所ね

My Little Grass Shack in Kealakekua, Hawai'i

Choreographed by @shin tanaka.lanakila

振り付けについて

もはやトラディショナルな一曲なので、本来であれば伝統に則り、それこそ母の世代から受け継がれた振り付けがあったので、それをシェアすることも考えましたが、ここは一つ、このお父さんたちが楽しく、脳内を活性化させるような、振り付けにしたいと思いました。といっても、1930年代に流行ったハンドモーションを入れたりすることで、時代考証的にも、斬新になり過ぎず、振り付けのボーダーラインからも外れない程度に、そして、このお父さんたちがイメージしやすい（←ここポイント）ものにしました。この曲はクプナカネのテーマ曲とも言われ、愛される楽曲になりました。ほとんどが英語で作詞されているので、観てくださる方々も振り付けと歌詞を照らし合わせて楽しんでいただける一曲です。

「My Little Grass Shack」は、Kūpuna Kāneのシンボルマークであるフムヌクが出てくるKūpuna Kāneのテーマ曲。楽しく振り付けていただけてよかった。

（クプナカネ・いさおさん）

1930年代のハワイで流行った衣装をオリジナルメイド

Kawaihae カヴァイハエ

Composed by Kuana Torres Kahele
Choreographed by @shin tanaka.lanakila

降り注ぐ雨が主な真水の供給源であるハワイ諸島では、ハワイアンは水資源をとても大切にしてきました。20年前からハワイでも進んでいく都市開発に対し反対運動をしていたり、2021年にはオアフ島レッドヒルにあるアメリカ海軍の燃料貯蔵施設から燃料が漏れ、飲料水が汚染されたという問題も発生。「先祖が守り抜いてきた貴重な資源を、自分たちの代でなくしてしまってはいけない」というハワイアンのメッセージを受け、水不足、汚染水などの水問題を、私たち日本人にももっと身近に知ってほしいと思いました。

楽曲について

ハワイ島の北西に位置するカヴァイハエ地区には昔から豊かな川が流れていました。今でこそ枯渇してしまった川もありますが、コナ出身の作者、クアナ・トレス・カヘレ（ナー・パラパライ）が見聞きしたカヴァイハエ地区の美しい（かった）自然を後世に残すために書き下ろした楽曲だと、クアナ氏から伺いました。2023年8月に起こったマウイ島の森林火災で跡形もなく焼け落ちてしまったラハイナのように、これからマウイを訪れる人たちはもう、ハワイ王国の首都の面影を残していたラハイナを訪れることはありません。軽快なリズムの中に、失ってしまった景色を見つけてくだされば嬉しいです。こういった楽曲がハワイの歴史を伝えてくれています。

Hanohano ka wai puna o Waiakape'a
Ma ka hale o kapuni i ke kai malino

'Alawa ku'u maka iā Pohaukole
Niau aku i ka nuku a'o Pelekane

Kau aku ka mana'o no Puaka'ilima
I ka nalu po'i mai lā a'o Ka'ewa

Huli aku nānā iā Mailekini
A me ka 'ae one kea o 'Ohai'ula

Ha'ina 'ia mai ana ka puana
Nā 'ili 'āina nani o Kawaihae

カヴァイハエ
日本語訳詞・田中 新

ワイアカペアの泉は輝かしいほどに美しく
ハレオカプニの眼下にはそれはそれは穏やかな海がある

見渡してみると
ポハウコレ川はペレカネ湾のくちばしみたいだ（入り江）

ブアカイリマで思い出したのは
大きなカエヴァの波が崩れていく雄大な姿

マイレキニを見てみてると
オハイウラビーチの砂浜がとても白くて美しかったんだ

この話を聞いたら思い出してほしい
カヴァイハエの美しさを

Kawaihae

Choreographed by @shin tanaka.lanakila

振り付けについて

様々な形をした渓流や入り江を表現するのに苦労はしました。ハワイアンは場所の名前にも何か意味を込めて付けていますので、「くちばしのような入り江」のように、くちばしを表現した振り付けも入っています。「もし僕たちがその河川の近くにいたらどう見えているのか」ということにも着目していました。

Aloha Nō Kona, Maui
Nō E Ka ʻOi, Hilo Hula,
Kawaihaeなど、土地賛美系
の楽曲。教えていただいた場所
を訪れるのが楽しみです。

（マクアカネ・huggyさん）

2019年、クアナ・トレス・カヘレ本人とのセッション

Ka Ua Kīpu'upu'u
カ　ウア　キープウプウ

Words & Music by Kapulanakēhau Tamuré
Choreographed by @shin tanaka.lanakila

コロナ禍の2019年、雨で世界を浄化してくれるような曲を踊りたいと思いました。この曲はハワイ島のワイメアの地を歌った曲です。ハワイ島の中でも標高800メートルの高原地帯。霧が発生しやすく不安定な天候が自然の豊かさを感じさせてくれます。作者のケハウ・タムレ女史（ハワイアン音楽界で伝説とまで言われるナー・パラパライのオリジナルメンバーであり、クムフラでもある）に許可をいただき、振り付けに入りました。彼女はまさに「私たち人間は自然の一部である」という世界観の持ち主で、個人的にとても印象の深い一曲になりました。

楽曲について

イントロに流れる雨の雫のような旋律は、ハワイ島ワイメア地方に降り注ぐ細かくも力強い、少し冷たい雨を彷彿とさせます。ワイメアに降る雨のことをキープウプウと呼びます。カメハメハ大王の精鋭槍部隊の名前もキープウプウと呼ばれますから、槍のように風に乗った細い雨を表現しているのかもしれません。雨のヴェールをまとったワイメア地方は山の中腹に位置し、少し肌寒く感じることもありますが、なんとも幻想的な場所です。ただただそこにそういう景色がある。そしてただただその景色に感動している。なんともシンプルで美しい曲です。

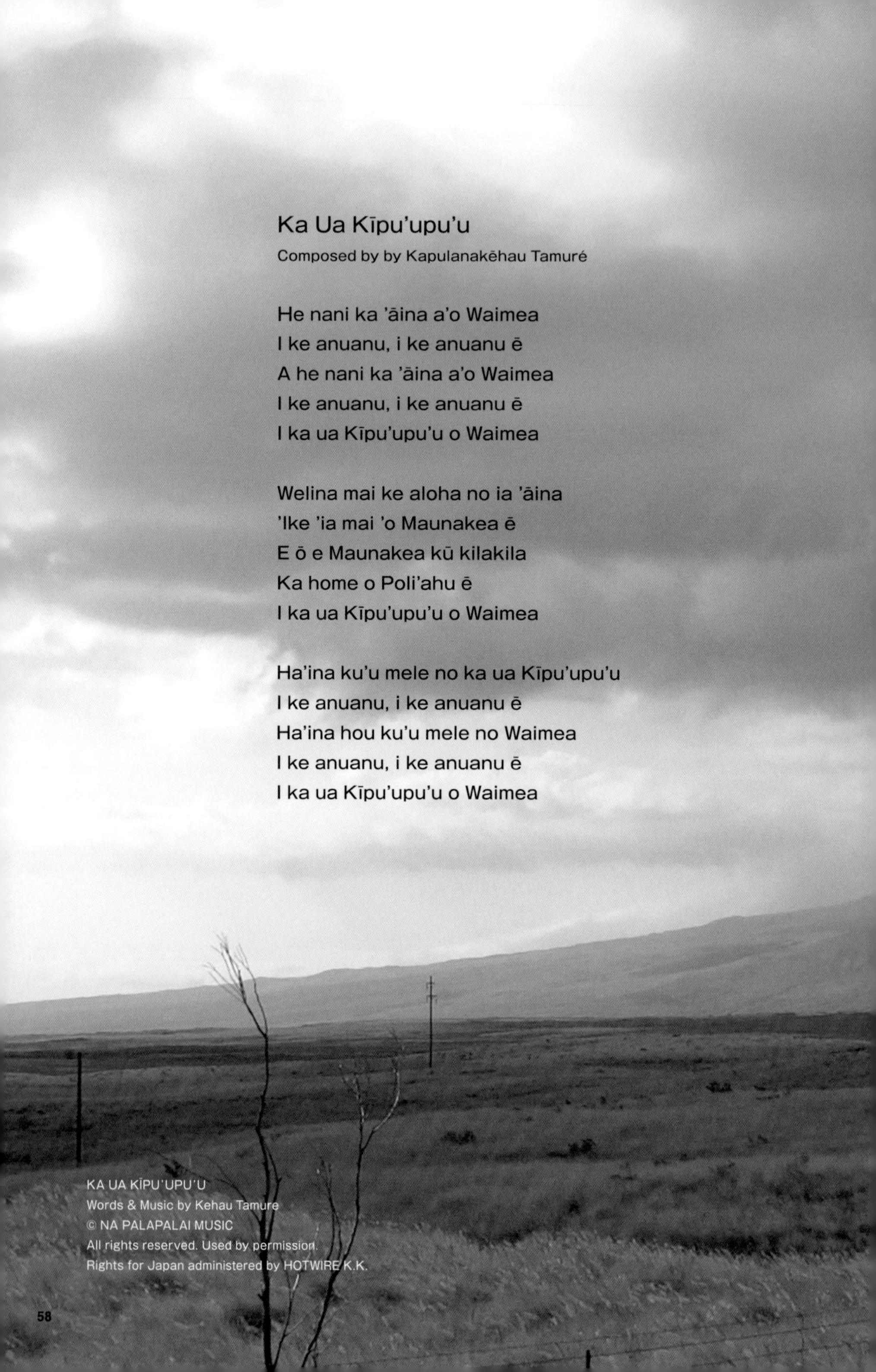

Ka Ua Kīpuʻupuʻu

Composed by by Kapulanakēhau Tamuré

He nani ka ʻāina aʻo Waimea
I ke anuanu, i ke anuanu ē
A he nani ka ʻāina aʻo Waimea
I ke anuanu, i ke anuanu ē
I ka ua Kīpuʻupuʻu o Waimea

Welina mai ke aloha no ia ʻāina
ʻIke ʻia mai ʻo Maunakea ē
E ō e Maunakea kū kilakila
Ka home o Poliʻahu ē
I ka ua Kīpuʻupuʻu o Waimea

Haʻina kuʻu mele no ka ua Kīpuʻupuʻu
I ke anuanu, i ke anuanu ē
Haʻina hou kuʻu mele no Waimea
I ke anuanu, i ke anuanu ē
I ka ua Kīpuʻupuʻu o Waimea

カ　ウア　キープウプウ

日本語訳詞・田中 新

ワイメアという地の美しさは
少し冷たい空気に包まれているから

キープウプウの雨のヴェールをまとうワイメア

彼女（大地）から声をかけてくれて（挨拶してくれて）
見上げてみたらマウナケアが姿を現してくれて
威風堂々と聳え立つ彼女（マウナケア）と話をしたの
そう、雪の女神ポリアフが住む場所
それが、キープウプウの雨のヴェールをまとうワイメア

私のこの歌は、キープウプウと共にある
少し冷たい空気に包まれて
そうこの歌はワイメアのこと
少し冷たい空気に包まれているこの大地
キープウプウの雨のヴェールをまとうワイメア

Ka Ua Kīpu'upu'u
Choreographed by @shin tanaka.lanakila

振り付けについて

ダンサーのみなさんには、ひと時でも日本で過ごす時間の感覚を忘れてもらいたいと思い、シンプルでいて壮大な空間を感じてもらえるような振り付けを考えました。大地への感謝の気持ち、キープウプウの雨が矢継ぎ早に右へ左へと流れる様を、群舞で表現しています。

2023年のホイケで演奏をしてくれた【Shua La】

Ku'u Hoa 光る君と

Words & Music by BEAMER KEOLA
Choreographed by @shin tanaka.lanakila

教室にはコエドクラスと呼ばれる男女混合のクラスがあります。ここには夫婦で通ってくれている生徒さんたちがフラを楽しんでいます。そんな仲睦まじい二人に、こういう仲睦まじい楽曲を踊ってもらいたいと思って、取り上げました。結果、予想以上に仲睦まじいフラに仕上がりました。ほかにもコエドで踊る楽曲には「'Ā 'Oia」や「Ho'oipo Hula」などがあり、家族愛、夫婦愛、愛の歌、恋の歌はフラの楽曲の中でも多く存在します。

楽曲について

1937年（昭和12年）に書き下されて以来、今なおハワイで親しまれているスタンダードナンバーの一つ。作者の奥様が当時、『ワイキキの結婚』という映画のハワイ文化コンサルタントを担当していましたが、けがをして一週間現場に復帰できずにいたところ、作者であるご主人が臥せる奥様を見かねて書き下しました。「もういいよ、帰ろうよ」と奥様への優しさ溢れる手紙のようであり、それでも悲しみに暮れることなく、前向きになれるようなアップテンポな曲調に仕上げるあたり、陽気なハワイアンの文化が垣間見られます。

Ku'u Hoa

Words & Music by BEAMER KEOLA

He aloha ku'u ipo
Ku'u hoa maka onaona
Noho i ke kuahiwi

E ho'i mai nō kāua
Me au e pili e ku'u 'i'ini
A ka pu'u wai

O ka pā kōnane
A ka mahina la
Ahuwale no ka pae'opua

Ha'ina mai ka puana
Ku'u hoa maka onaona
Noho i ke kuahiwi

光る君と

日本語訳詞・田中 新

愛らしい瞳の僕の君
あの山の家に住んで（いた頃の君の輝いてた瞳を取り戻そう）

二人で一緒に帰ろうよ
君と一緒に穏やかに過ごす
それが僕の願いでもあるんだよね

ほら見てごらん
あの輝いている月を
まるで僕らの曇った心を晴れやかにしてくれる

話をまとめるとね
光る君と
あの山の家にまた一緒に住みたいんだ

Ku'u Hoa

Choreographed by @shin tanaka.lanakila

振り付けについて

男女混合クラスは、同じような振り付けを一緒に踊ることもありますが、今回のこの楽曲では、二人の距離を縮めるために、手を取り合ったり、ターンをして寄りかかったりと、あくまでも「仲睦まじさ」を表現しました。フラやハワイアンミュージックはジャズからの影響も多々あるため、ソシアルダンスのようなパートナーと踊る振り付けも入れています（ハワイでも、男女混合ダンスというカテゴリーではソシアルダンスで良く見るような、パートナーと手を組んだりくっついたりする振り付けは良くあります）。

Lei Lehua レイレフア

Composed by Kalikolīhau Paik / Music by Mark Yamanaka

Recorded on "Lei Lehua" by Mark Yamanaka. ©2018

Choreographed by @shin tanaka.lanakila

ハワイ固有の植物であるオヒアレフア。ハワイの原生林の80％を占め、ハワイ諸島全域で多くみられ、火の女神ペレのキノラウ（化身）植物とされています。ところが、2014年からハワイの土壌に寄生菌（真菌）による感染症が広まり、すでにハワイ島では100万本のオヒア（＊オヒアは木のこと、レフアは花のことを言います）が枯死し、ハワイ州全体の森林に影響を与える可能性があると言われています。私たちハワイ文化を専門的に従事する者は、これ以上の朽木を望みません。私たちが受け継いできた環境遺産を絶滅させることなく、今以上に輝かしい未来へのバトンとして、この歌を残していきたいと願います。この歌が、このフラが、ハワイのオヒアレフアへ届きますように。

楽曲について

真紅色をしたレフアの花は、歌い手であるマーク・ヤマナカ氏の故郷でもあるハワイ島の島花です。神々しく煌めくその花々は、山手にも海岸線にも咲き誇ります。ハワイアンプランツの中でも最古の植物の一種でもあるレフアは、マグマによって新しく生まれた大地の中から、最初に芽吹くと言われております。故にレフアは、「破壊と再生」を象徴する植物だと伝えられています。ハワイアンはたびたび、このレフアの命の巡りを、何百年と続く私たち人間の時代の変化に準えて描写することもあります。作者であるカリコリーハウ・パイク氏は、マーク・ヤマナカ氏の生まれたての子どもに対して、これからの希望の未来を託すような一曲に仕上げたと聞いています。

Lei Lehua

Composed by Kalikolīhau Paik / Music by Mark Yamanaka
Recorded on "Lei Lehua" by Mark Yamanaka. ©2018

Ola nō ʻo Hawaiʻi i ka lei lehua
Ka wehi o Keawe Lei ho ʻōla o ka ʻāina

Līhau mai nei kāua i ke Kanilehua
Pulu nā lihilihi weo Ho ʻopūnono i ka uka

He punahele nō ʻoe A ka nui manu
Mai Ha ʻeha ʻe linolino A i ka mole ʻolu o Lehua

Lei i ka nani mae ʻole No nā kau a kau
He leo aloha kēia A mau loa aku nō

レイレフア

日本語訳詞・田中 新

このレフアのレイに、ハワイそのものが息衝いていて
ケアヴェの大地を彩るかのように芽吹いている

降り注ぐカニレフアの雨が心地よくて
あの丘の一面を真紅に光り輝かせている（のを思い出す）

数多の鳥たちがあなたを祝福している
あの煌めくハエハエの土地からレフア島の大地まで

いつまでも色褪せることのないこのレイは
これからもずっと愛のカタチとして生き続けていくだろう

Lei Lehua

Choreographed by @shin tanaka.lanakila

振り付けについて

大地への畏敬の念を表わしたかったので、大地に跪き、手を差し伸べるような特徴的な振りを付けを冒頭部分で表現しました。ダンサーにはこの曲を踊る時には毎回必ず、「ありがとうね」と言葉に出して、大地を触るようにと指示しています。また、「大きな鳥」と歌われる箇所に「幾千もの先祖達」という意思を組み込みたかったので、大地から大地へと流れるように大きく奥行きのあるステップワークを施しました。2021年8月、コロナ禍も明けて、イベントが少しずつ増えてきましたが、オンラインのイベントも増え、撮影のため、土砂降りの中、秋川渓谷でこの曲を踊ってもらいました。最初は雨に濡れるのを避けていた生徒のみなさんも、自然の恵みへの感謝が心からの笑顔となって写っていました。フラは自然と共にあるということに気付かされました。

Pai'ea パイエア

Words & Music by Moke Ka'apana & Stewart Kawakami　©Kinonui Productions

Choreographed by @shin tanaka.lanakila

自分のハラウをスタートさせてから10周年を記念した発表会の年に、「一年間通してこれを仕上げていきます」という意気込みで選びました。カネフラの中でも比較的テンポが速い楽曲を、非常に難易度の高い振り付けで踊る男性の姿を見てもらいたいと思いました。インスタグラムにアップしたところ、瞬く間に10万、100万と再生回数が伸び、多くの方々の目に留まることになりました。現在168万回再生という数字には、正直今でも驚いております。フラダンスに、男性フラというジャンルがあるのだと、広く知っていただけたのは、僕の財産でもあります。

楽曲について

パイエアとは初代カメハメハ大王の、幼少期の名前。彼が生まれた育った環境から、ハワイ全島を統治するまでを歌った、立身出世物語。神話から土地から歴史まで、たくさんのハワイの重要な人物や事柄が散りばめられています。ハワイでは18世紀後半までは各島で酋長たちによる領土争いなどがありました。いわば戦国時代です。そんな天下統一を果たしたカメハメハ大王の偉業が凝縮された一曲です。

Pai'ea

Words & Music by Moke Ka'apana & Stewart Kawakami
©Kinonui Productions

Eia ku'u mo'olelo, ke koa kaulana loa
Keiki hiwahiwa o ka pae 'āina
Pai'ea ē, 'o Pai'ea kōna inoa, Kamehameha ē

Kilokilo kōna 'ihi'ihi me Kokoiki lā
Ēwe ewe ia i Ka'ū me Kekūhaupi'o
Pai'ea ē, 'o Pai'ea kōna inoa, Kamehameha ē

Waipi'o kōna ho'omana iā Kūkā'ilimoku
Kōkua aku 'o Pele me ka pohā pau ahi
Pai'ea ē, Pai'ea ē

E holo a puni 'o Pai'ea no ke kaua koko loa
Lanakila iā ia i Maui me Kepaniwai
Pai'ea ē, 'o Pai'ea kōna inoa, Kamehameha ē

Puni ka pū ho'i kau i nā pali o Nu'uanu
Akā, ua lilo 'o Kaua'i me ka hele nihi
Pai'ea ē, Pai'ea ē

E puana i ke aloha no Kamehameha Nui
E ' olu' olu ' o Pai' ea, e maliu i ia mele
Pai' ea ē, ' o Pai' ea kōna inoa, Kamehameha ē

＊注釈

①バイエア≪ Pai'ea ≫：カメハメハの幼名。

②ココイキ≪ Kokoiki ≫：カメハメハの生誕時、空には雷鳴が轟き、ココイキと呼ばれるハレー彗星が輝いていた。それは後にカメハメハがこの地の
　強力な覇者となることを意味していた、と言われた。また彼が生まれる前、何年も前から祈祷師たちが「1人の偉大なる勇士が全ての島々を征服し統
　治するであろう」と予言していたそうだ。

③ケクハウピオ≪ Kekūhaupi'o ≫：幼少の時代よりカメハメハの武術指南役であり、ハワイ軍の軍事参謀だった。

④ワイピオ≪ Waipio ≫：ハワイ島の北部にある渓谷。15 世紀にハワイ島を統一していたウミ王の魂や先祖の精霊等が宿っている聖地と呼ばれている。
　古代ハワイアンの全てがそこに隠されているとまで言われている。

⑤クーカイリモク≪ Kūkā'ilimoku ≫：クーカイリモクは戦いの神、クーの化身であり、ハワイを統一した王、カメハメハ大王の戦の神。そのことから、
　ハワイの軍神とも呼ばれている。この軍神クーカイリモクの像（ティキ・キイ）はハワイ王室に代々秘蔵されている。

⑥火の神ペレ：カメハメハ軍の対抗勢力、キヴァラオ軍との戦の際、キラウエア火山へ向かったキヴァラオ軍は突然大噴火したキラウエアのマグマによ
　り壊滅。それ以降カメハメハは火の女神ペレのご加護をも受ける天に選ばれし王と呼ばれることになる。カメハメハがハワイ島を統治するきっかけ
　となった出来事の一つ。

パイエア

日本語訳詞・ 田中 新

愛ある雄大な戦士の物語
ハワイ諸島全土から愛された男
南の島の大王はその名も偉大なカメハメハ（パイエア①）

古のココイキ②に神の祝福を受け
カウーにて偉大なる戦士ケクハウピオ③の訓練を受ける
南の島の大王はその名も偉大なカメハメハ

聖地ワイピオ④にてクーカイリモク⑤の礼拝を受け
火の女神ペレの手助けにより戦いを制圧した⑥
パイエア‥‥パイエア‥‥ってすげぇ

パイエアは武力行使の航海へと向かう
ケパニヴァイ⑦の戦いによりマウイ軍勢を制圧
南の島の大王はその名も偉大なカメハメハ

大砲はヌウアヌ渓谷で火の手を揚げる⑧
そしてカウアイ島との和平協定を結んだ
パイエア‥‥パイエア‥‥ってすげぇ

南の島の大王はその名も偉大なカメハメハ
慈悲深きパイエア、この歌をアナタに
南の島の大王はその名も偉大なカメハメハ
あの山の家にまた一緒に住みたいんだ

⑦ケパニヴァイ≪ Kepaniwai ≫：マウイ島イアオ渓谷付近に位置する場所。カメハメハ軍が宿敵マウイ島の王カヘキリと戦い、勝利を収めた場所。これによりカメハメハはハワイ島に続き、マウイ島を統治する。

⑧ヌウアヌ渓谷の乱≪ Nu'uanu ≫：別名【KALELEKA'ANAE】と呼ばれる戦。カメハメハ軍がオアフ島攻略の際、オアフ軍をヌウアヌ渓谷へおびき寄せる。槍や棍棒等の原始的な武器を装備していたオアフ軍とは逆にイギリス（キャプテン・クック）軍から入手した大砲や銃を装備していたカメハメハ軍は、山を駆け上がってくるオアフ軍勢に一斉射撃。オアフ軍を壊滅状態へ。これによりオアフを統治。

Pai'ea

Choreographed by @shin tanaka.lanakila

振り付けについて

まず、第一に、ハワイの人たちが踊りを見た時に、歌詞に則っていないと思われないように、あくまでも言葉に則った振り付けをすることを念頭に置きました。カメハメハ軍の主力部隊はキープウプウと呼ばれる槍部隊でしたから（後にキャプテン・クックの影響により銃を使うことになる）、ヴァンプ（間奏部分）では、槍を突いている振り付けをメインに、勇ましく足を踏み込んでいきます。敵軍を制圧する際に、キラウエア火山が噴火することを予言していた（という逸話のある）カメハメハが、噴火したマグマをどう捉えていたかを振り付けにも仕込んでいます。また曲終わりのアウトロでは伝統的な古典フラでも使用する、互い違いに戦う様を取り入れました。我ながら良い振り付けだと思います（笑）。

できない、動かない自分を否定しない。

じゃあどうしたらできる？

自分の手足に問いかけてみよう。

メンズフラアンケート

Q3 好きなフラの楽曲はなんですか？

好きであり忘れられないのはコンペティションの曲「ラウアエカマナオ」です。
（クプナカネ・フラ歴9年・70歳）

・・・・・・・・・・・・・・・・・・・・・・・・・・・・・・・・・・・・

「My Little Grass Shack」はクプナカネによい曲だと感じています。
（クプナカネ・フラ歴7年・70歳）

・・・・・・・・・・・・・・・・・・・・・・・・・・・・・・・・・・・・

軽快で速いテンポの曲が好きです。アップテンポの曲に合わせて踊るのは楽しいです。自分の踊りに納得いかないことも多々ありますが、それでも幸福感に包まれます。
（マクアカネ・フラ歴9年・66歳）

・・・・・・・・・・・・・・・・・・・・・・・・・・・・・・・・・・・・

好きな曲は「Lepe 'Ula'ula」。軽やかな躍動感と同時に力強さやコミカルさもある、聞いていて心がワクワクする楽曲。
（マクアカネ・フラ歴9年・66歳）

・・・・・・・・・・・・・・・・・・・・・・・・・・・・・・・・・・・・

「Pua 'Iliahi」。一番最初に習った曲、初めて人前で踊った曲です。
（マクアカネ・フラ歴9年・54歳）

「Maui Nō E Ka'Oi」。メロディも振り付けも躍動していて心底生きている喜びを感じ、明るく元気な気持ちになれる。
（マクアカネ・フラ歴2年・70歳）

・・・・・・・・・・・・・・・・・・・・・・・・・・・・・・・・・・・・

10年以上前の話ですが、「Hawi'i Nō E Ka'Oi」でコンペ出場メンバーに入れていただきました。入賞は逃しましたが、連日深夜まで練習に打ち込んだ辛さ、そこで得られた信頼と連帯感は一生忘れることとはありません。
（マクアカネ・フラ歴10年・56歳）

・・・・・・・・・・・・・・・・・・・・・・・・・・・・・・・・・・・・

「He Lei Kaulana」。ハワイ愛を強く感じます。
（マクアカネ・フラ歴8年・60歳）

・・・・・・・・・・・・・・・・・・・・・・・・・・・・・・・・・・・・

「Maui Nō E Ka'Oi」。マウイ島の良さをみなさんに伝える喜びを感じながら、元気よく踊れる曲です。
（マクアカネ・フラ歴6年・64歳）

・・・・・・・・・・・・・・・・・・・・・・・・・・・・・・・・・・・・

「Hawi'i Nō E Ka'Oi」。いろいろと思い入れが深い曲。
（カネ・フラ歴17年・47歳）

・・・・・・・・・・・・・・・・・・・・・・・・・・・・・・・・・・・・

「Pai'ea」は思い入れのある曲になりました。
（カネ・フラ歴1年・51歳）

・・・・・・・・・・・・・・・・・・・・・・・・・・・・・・・・・・・・

「Kiss and Never Tell」。
（カネ・フラ歴10年・58歳）

・・・・・・・・・・・・・・・・・・・・・・・・・・・・・・・・・・・・

一番最初に習った「Ka Uluwehi O Ke Kai」。
（マクアカネ・フラ歴8年・69歳）

Chapter 4

What is Hula in Your Life?

左から　牛島敬太先生　田中 新　池田雄記先生　キャメロン・コナピリアヒ・バーカーシ先生

クムフラ座談会
Knmu Hula Discussion
カネフラを教える我らに覚悟あり

Guest：牛島敬太先生　池田雄記先生
キャメロン・コナピリアヒ・バーカーシ先生（以下敬称略）
Host：田中 新

text：瀬戸みゆき

「ハワイ語でkuleana（クレアナ／覚悟と責任）というのですが、みんなクムフラとしてのクレアナをもってハラウを主宰していますね」と新先生。ハラウの数だけフラがあるとも言われる所以は、その個性豊かな佇まいにも現れています。これからのカネフラを担う4人のクムフラの覚悟は如何に？

3名の先生に来ていただいた理由

田中　この対談は、関東エリアで、15名以上のカネダンサーを擁する男性クムフラで、共に日本のカネフラを盛り上げていけたらと願う先生方にお集まりいただきました。**（3人とも照れながら）** お～、それはどーも（笑）。よろしくお願いします！

田中　牛島敬太先生とは、同門の仲ですね。敬太先生のクムはレイ・フォンセカ氏で僕のクムはエトア・ロペス氏。二人ともアンクル・ジョージ・ナオペ氏（以下敬称略）のもとで長く修行したクムフラです。

　ハワイ島コナに住むクム・エトアとヒロに住むクム・レイはフラブラザーで、本当の兄弟のような仲でした。クム・レイが2010年に急逝する直前まで、毎日電話で「昨日、こんなことあった」「今度のメリー・モナークはどうする？」と話してたそう。そんな二人の弟子である僕と敬太先生も、そういう関係でフラを続けていけたら、天国のアン

クル（ジョージ・ナオペ）もきっと喜ぶと思っています。

　敬太先生は少年時代からフラひと筋で、僕は、そんな敬太先生に及ばないところが多々あると感じていて、僕の斜め45度上にいるような存在。そして、フラに対しても枠に留まらない大きな人で、尊敬していますよ。

牛島　そんなこと言って、大丈夫ですか？ありがとうございます（笑）。

田中　池田先生とは、20年以上前に、僕が留学から帰国して、カラニ先生から初めてちゃんとフラを習った時に一緒でしたね。僕と僕の友達、そして池田先生。カネダンサーは3人しか集まらなかったけど、あの時、池田先生がいなかったら、僕はフラを続けていなかった。池田先生が真剣にフラと向き合って踊るから、僕も頑張ろう！となって。でもそれから10年くらい、会うことがなく、あれ、僕って嫌われてるのかって（笑）。

池田　いやいやいや、新先生は、お母さま

の幸子先生のハラウでバリバリやられてい
て、でも私はハワイのクムのもとに日本か
ら定期的に通いひたすら修行の日々でした。
クムから指導者として認めていただき、自
分自身の中で指導者としてやっていけるとい
う自信が持てるようになるまで粛々と精進し
ていました。なので新先生は遠い存在だっ
たんです。

田中 池田先生の学ぶ姿勢の一途さは、本
当にすごい。カラニ先生も日本で名の知ら
れた先生なのに、さらにハワイへ行って、ア
ンクル・ジョージ・ホロカイが継承した正統
派フラを、一から学んだんですよね。きち
んと学んで、きちんと教えている、そこが
すごい。

　最近は、カネの生徒さんも増え、メディア
にも出るようになって、僕や敬太先生のイベ
ントにも顔を出してくれて、フラ界でもぐん
ぐん頭角を現してきた。それに僕たちは40
オーバーの同世代だしね。

牛島 あの〜、オレはまだ、40オーバーじゃ
ないですよ。3月10日で40歳ですが。（編
注・座談会は2月14日に行われました）

3人 ウソ、マジで？　まだ30代だったの
か。

田中 てっきり年が近いと思ってた。そう
か、カウアイ島のフラ・コンペで会った時、
まだ10代半ばだったもんね。

　でも、若いというなら、やっぱりキャメ
ロン先生！ キャメロン先生が少年だったこ
ろ、イカイカ先生のところで踊っているの
を見て、きっと次の世代で活躍する存在に
なると思っていたんだ。高名なクムフラの一
人、アル・バーカーシの孫でもあるし。習っ
ただけでなく、身に沁みついたフラを知って
いるからこそ、教えられることも多いと思う
ので、頑張ってほしい先生です。

2022 年 6 月六本木バードランド。
曲目は「Hanauma」

2007 年 8 月、ジョージナオペカネフラコンペティション

2003 年 10 月、カラニ・ポオマイヘアラニ先生来日 30 周年記念コンサートにて。手に持っているのはウリウリ

2007 年 8 月、ジョージナオペカネフラコンペティション

カネフライベント「マナオラナ 2023」の楽屋にて。
正装の牛島先生と池田先生

少年時代のキャメロン先生は、先生方に憧れまくり

田中 座談会らしく"お題"を始めましょうか。まずは、それぞれが、自分以外の先生をどう思っているか。人として、クムフラとして、ダンサーとして。キャメロン先生からいきましょう。

キャメロン ボクから見たら、みなさん、めちゃくちゃ有名な先生たちです。しかも、牛島先生も池田先生もほぼ"初めまして"な感じなので、ここに居るだけで緊張してます。

　池田先生はトラディショナルなフラを教えられる先生ですし、チャントとカヒコにも力を入れているのが、尊敬でしかないです。

　牛島敬太先生については……、ボクが中学生の頃、日本人のカネでメリー・モナーク・フェスティバルに出た人がいるって聞いて、"すっげぇ"と感激したのを覚えています。そのうち、ミュージシャンとしても活躍されているのを知って、ますます"すっげぇ"と。あと、牛島先生はお見かけするたび、髪型が変わっていて。

牛島 金髪だったりアフロだったり。

キャメロン 長かったり坊主だったり、次はどんなスタイルって、楽しみでした（笑）。

　新先生で印象深いのは、ホオラウレアジャパンに出場した時のこと。新先生は、お母さまの教室から出場していて、自分はイカイカ先生の生徒。偶然、楽屋が隣同士で、ちらりと見かける新先生とカネダンサーのみなさん、めちゃくちゃカッコよくて、ボクらガキンチョダンサーには憧れでしかなかったです。

先生は、自分の歌で生徒を踊らせるべき

牛島 次、言っていいすか。じゃ、新先生について……。いやこれ、言われる方もむずむずするでしょ（笑）。

　新先生の魅力は、センスが良いこと。自分のこだわりというか、衣装やレイの美意識が確立されて、妥協しないところがすごい、と、オレの目には映ります。フラに関しては、振り付けが好きです。根底にはアンクル・ジョージ・ナオペのフラがあって、そこに創造が加えられて、すてきだと思う。

　池田先生は、ジョージ・ホロカイの愛弟子だったアウケレさんたちから熱心に学ばれた。ハワイのクムフラに習うと、その名前だけに頼ってしまう先生も多い中、池田先生はジョージ・ホロカイのフラの系譜に身を投じている。受け継いだものを自分の中にしっかり修めて、やっていくんだという姿勢が、素晴らしいと思います。それに、物腰も柔らかで、礼儀正しく、髪型もいつもきちんとしているところも、好きです。

　キャメロン先生は……まだあまり付き合いはないけど、踊りもスマートだし、歌にも臆さずチャレンジしているのがいいです。私がハワイで習ったフラは、自分で歌って、踊れて、教えるというのが当たり前で。日本では「歌が下手だから」と歌わない先生が多いけど、クムは美声でなくていい。音を外してもいい。生徒を踊らせるための歌なのだから。必要なことは全部、一人でこなせる、クムフラの完バケ（完全パッケージ）ってことだと思うので。

田中 （ちょっとバツが悪そうに）え～っと、そう、その通り。僕は、人前では歌いませんけど、レッスンでは歌っているんですけどね（笑）。僕はミュージシャンではないので。

牛島 ほんと、近頃、新先生もいろんなシーンで歌っているじゃないですか。いいですよ。あと、見てわかるように、キャメロン先生には華がある。フラの先生としても、エンターテインメントのダンサーとして二足のわらじを履いても、素晴らしいことになるんだろうって感じです。

目指せ、クムフラの完パケ！

池田　フラは踊る人を映すという通り、今日、ご一緒している先生方も三者三様。踊りのカラーとみなさんの個性がリンクしているなぁと感じられて、楽しいです。新先生、座談会の場を作っていただき、ありがとうございます。

　私もキャメロン先生とは初めてです。若い世代を担う人の中に、フラの家元というルーツを持つ日本人がいることに、いい意味で驚いています。若いからこそ、挑戦できることもたくさんあるので、自分の強みを生かすためにも、先を見据えて今から頑張って活動してほしいと、まずはエールを送りたいです。

キャメロン　（姿勢を正して）はい。ありがとうございます。

池田　そして、敬太先生がさっき、おっしゃった完全パッケージ。クムフラの完パケという言葉が、すごく響きました。自ら生み出すことができ、きちんと歌を歌って、チャントを唱え、生徒としっかりつながれる。そんな、フラの当たり前が叶う世代に、自分たちは生きられることが幸せだと思うのです。

　しかも、今日、集まった先生方はみなさん、クムフラとして、すべてを生み出すことができるスキルを持っている。本来のハワイ式の指導者であるということが、要だと思うんです。

　長い年月を経て、フラ・スタイルを継承すべくプロセスをきちんと積んできた人間であること。ハワイのフラの世界と同様に、継承するフラ・スタイルを明確に持っていることが大きな点であると思っています。

　ハワイアンに認めていただける日本のフラでありたい。私個人としては、常にハワイ式を目指していて、それこそが日本人がフラを楽しみ、ハワイへの恩返しにもなると自負しています。

　自分たちにフラをつなげてくれたクムフラたちと同じように、正しいハワイ式の完パケを目指すべきですね。

　敬太先生の武器は、なんと言っても人を魅了する声ではないかと。歌もいいですし、オリも素晴らしい。私もハワイでオリを学ぶ身なので、発音は気になるのですが、敬太先生は発声方法からテクニックまで、正確で素晴らしいと感じています。フラ・スタイルは、まさに敬太先生らしく、力強さと緩急もあって、私には出せない魅力だなと思います。

　新先生は、関東に田中新先生あり的な、カネフラを引っ張る存在。SNSやメディアでカネフラの魅力を発信し続けていることに感謝です。お勉強的な要素をオブラートに包んで、フラの楽しさを全面に出す発信力が、それまでフラに興味なかった人たちをこっちに向かせていますよね。新先生のSNS力、見習わないと。

　あと、レイや衣装、ステージの見せ方。どれも洗練されていて、お手本にしたいほどです。教わってできるものじゃなく、天性なのでしょう。

今、何人のカネダンサーが所属している？

田中　日本では、カネクラスがあるハラウは、まだまだ少ないのが現状。その中で、みなさんがカネクラスを始めたきっかけと、現状を教えてください。

牛島　2010年にハラウを始めたんですけど、最初からカネクラスを募集しました。募集しないという選択は浮かびもしなかったので。ワヒネもカネも教えて当然って感じでした。今は17歳から60代後半で、15名くらいですかな。

田中　そのカネの生徒さんたちは、どうい

2011年、メリー・モナークにて

2011年、メリー・モナークにて

ちびキャメロンと祖父でありクムフラ、アル・バーカーシ

2019年、ハワイにて

忘れられないステージ.
Hula 'Oni E Hula Festive Hawai'i, 2018

ちびキャメロンと母

う経路でハラウへ来たの？ うちは、奥様が踊っていて、ご主人を連れて来るパターンも多かったけど。

牛島 あ〜、それはないですね。ほとんどがどこかのイベントやショーでカネが踊っているのを見て、勝手に検索してくれて、電話かメールをして来る。湘南・藤沢には、ショッピングセンターや公園でフラのイベントがわりと多く開かれるから、何気に目に留まって興味を持ってくれる人がいるんだと思います。

池田 私も自分が男性の踊り手なので、必然的にカネクラスも教えるものと信じていました。でも、2014年にハラウを始めた時は、男性の生徒さんとご縁がなく、生徒はワヒネだけ。最初の、核となるカネの生徒さんが数名入ったのは2018年でしたよ。

そして、「マツコの知らない世界」（2022年5月17日放送）に新先生が出演されて、私のところも都内に教室があるからとメディアに紹介され、一過性でしたけど、体験クラスに多くの方が参加してくれた。結果、今は20代半ばから60代前半のカネダンサー20名が所属しています。クラス分けは、教室がそれほど広くないので、平日2つと土曜に1つ、計3クラスがカネです。

キャメロン ボクは、そもそも生まれた時から周りでカネダンサーが踊っている環境でした。当時、祖父のハラウは、カネが中心でしたから、物心がついた時には、フラは男性が踊るものだと思ってました。

その後、ボクは4歳の時に母と東京・亀戸へ移り、それからはハワイと日本を行ったり来たりで育ちました。日本でハラウをスタートさせたのは、2017年。地元の亀戸にスタジオを構えたのですが、生徒はカネだけでした。別に拒んだわけではないのに、池田先生のケースとは逆に、女性にはご縁がなかった（笑）。集まってきてくれたのは、30〜60代の男性ばかりで、入門のきっか

けは、地元のイベントなどでボクが踊るのを見て、興味を持ったという人が多かったです。コロナ禍が落ち着き始めたここ2〜3年で、やっとワヒネもぼちぼち来てくれるようになりました。

現在は亀戸のほかにも、横浜や板橋、群馬、大分などにもスタジオがあって、カネは4歳から75歳まで、約45人くらいです。

男性の職業として、クムフラってどうなのか？

田中 この辺で、ちょっと本音の話を聞きたいのですが。とくに日本の場合、フラを教えているのは女性が多いじゃないですか。で、ここだけの話……、職業としてのクムフラってどうなの？ みんなはどう考えている？

キャメロン ボクは正直に言うと、不安定な要素が多いという意味でクムフラはどうかなと。

（3人 お〜と、どよめく）

でも、ボクが高校2年の12月にハワイのおじいちゃんが亡くなってしまった時、亡くなる前に最後の電話がかかってきたのですが、期末試験当日の早朝だったので、最後のお別れはできませんでした。それから、考えるようになったんです。自分はおじいちゃんのフラを継ぐために生まれてきたんじゃないかと。親族の中でフラを踊っているのは、ボクだけだったから。

おじいちゃんのフラとハラウを継承することに、何の迷いもなく、そうなるものだと。そして、今、ボクはフラを教える道を進んでいるんですけど、さすがにコロナ禍の時は、クムフラという職業の不安定さを思い知りましたね。

田中 キツかった？

キャメロン やばかったです。緊急事態宣

言が出ると、生徒さんはレッスンに来なくなったから、ボクは配達のアルバイトを2年くらいやっていました。

ハワイでも専業クムフラもいるけど、学校の先生とか銀行員とか、他の仕事を持って、その合間にフラを教えているクムフラも多いですよね。

田中 給料をいただくお仕事と、フラを教えることは文化の継承だと、分けるということね。

牛島 でも、それを言ってしまうと、果たしてクムフラは生活のための仕事にしていいのかっていう話につながってしまう。文化継承なら尊いけど、職業あるいはビジネスだとお金儲け的な匂いがする、という話ですよね？ でも、そもそも、フラを教えて対価をいただくのは、ぜんぜん悪いことじゃない。アンクル・ジョージ・ナオペは10代前半からフラを教えて学費を稼いでいたということだし。結局、ビジネスという言葉が人にどう捉えられるか、その違いだけで、クムフラの本質は変わらない。

もっと言わせてもらえば、オレはフラに関して、葛藤したことがなくて、だからみんなの心配が分からないです（笑）。

（3人、どよめいて） おお、かっこいい～！

牛島 奥さん、子どももいるし、家のローンもあるけど、将来どうなるかなんて考えたことないです。とりあえず、今稼げるからそれでいいし。基本的に、今が満足だったら、それでいいです。

田中 敬太先生は、"今"を生きる人なんだね。

池田 フラはいわば芸能で、人に夢を与えるという点で、自分が踊ることも人に教えることも、私にとっては誇れる仕事だと思っています。敬太先生が言われたように、職業クムフラでお金をいただくことも、しごく当然。私の大師匠のアンクル・ジョージ・ホ

ロカイも、昔はワイキキでショーに出演していました。

ただ、クムフラという仕事に限らず、こんな時代だから、不安定さは気になるところではあります。でも、私はハワイの先生方に、きちんとフラの道を歩みますと約束したので、クムフラとして生きることに迷いはありません。

田中 話を聞いていて、気づきました。ここにいるみんなは、それぞれに責任を担っていて、それを全うして生きていくようにと、選ばれた人たちなんですよ。"だれか"に選ばれたのではなく、"フラ"に選ばれたんです。アンクル・ジョージ・ナオペもよく言っていました。「You don't choose hula, hula chose you!(君がフラを選んだんじゃない。フラが君を選んだのだ」と。これは、宿命なのでしょう。

これまでと、これからのカネフラ

田中 世の中的には、まだまだマイナーなカネフラだけど、これまでとこれからのカネフラについて、どう思いますか？

牛島 こういう場で、こんな意見で申し訳ないですけど。オレは、正直に言って日本のカネフラの未来を、どうなってほしいとかないです。みんなで盛り上げよう！ って努力するのはいいことだと思うのですが。でも、そういう人もいれば、オレみたいにどうも思わない人が、各々思うように進めば、結局バランスは保てる。カネフラも、自然になるようになればいい、というのがオレの見解ですかね。ただ、フラはなくならない。

池田 私は、どうしたら、もっと多くの日本人男性が踊るようになるのか、考えますね。現状は、カネフラに関して言えば、中高年の大人の習い事という感じがします。もちろん、健康にいいし、会社以外の人とのつながり

写真提供（上4点）／田中 新

アフロの牛島先生

ケハウ・タムレ、キナ＆カラニ・アシング兄弟、牛島敬太、牛島愛、日下貴博とアロハステーションにて（敬称略）

キャメロン先生と

牛島先生、田中新、池田先生

も楽しい。すごくいいモチベーションだと思う。

　でも、もう少しだけ、ハワイの文化的な価値観で広まっていけば、カネフラの世界も広がるのかなと。

キャメロン　ボクのこれまでの話ですけど、小学生の時、自分がフラをやっていると友達に言うと、「腰みの着けてフラフラ〜」って笑われ、すごくショックでした。ボクが知っているカネフラは、あんなに男らしくてかっこいいのにって。高校生になってからは「イベントで踊るから、見に来て」って友人に声掛けたら、「え、火を吹くの?」って。いやいや、それはサモアの踊りだよ。

(全員、爆笑)

田中　それは、フラあるあるだねぇ。ただ、たしかに今から50年くらい前、日本ではフラがキャバレーで踊られていたって話だし。そういう時代に、メディアやお笑いに露出したフラのイメージが、今でも消えていない。

池田　ハワイでも、今も人気のディナーショーは、ポリネシアン・ダンスショーですからね。ハワイ、トンガ、サモア、ニュージーランド、タヒチ。これらの国の踊りが次々出てくるから、ハワイで見た観光客はあれが全部フラだと思ってしまう。ハワイ文化をもっと周知すべきで、例えば高校の歴史の授業などで、ハワイの歴史を紹介してもらったらいいんじゃないかと、本気で思っています。

田中　昔から変わらない、ずれたフラのイメージは、たしかに未だに多く残っているけれど、それでも、20年前に比べれば、少しずつハワイのフラが近づいてきたと思う。だからきっと、キャメロン先生の次の世代には、カネフラが火を吹く踊りだという認識を持つ人は、少なくなっていることでしょう。

　最後になりますが、フラに興味を持ち始めた方のために、一言ずつ、フラが上手くな

る秘訣をアドバイスください。

キャメロン　姿勢、大事です。うちのケイキの子たちも、最初は身体がぐらぐらで、しゅっと立てない子も、背筋を伸ばして踊る練習をするうち、次第に体幹が強くなる。するとフラの見栄えもぐっと良くなります。

池田　みなさんが学んでいるフラにはフラスタイルが必ずあります。フラはお手本となる先生の踊り方を模倣してなんぼの世界!　一部始終を舐め回すように良く見て一語一句を聞き逃さない!　五感をフルに使い、振り付けのみにとらわれずに醸し出す空気感を感じて欲しい。それこそがハワイのフラに近づく一歩です。あとは踊りの理想形を体現していくにはフィジカル面の向上と維持が必須であると感じています。世代問わずフラを楽しむために怪我をしない体、自分の体を自由自在に操る筋力と柔軟性は大切です。

牛島　これ自分の生徒にも言っていますが、「いい意味でナルシストであれ」。自分に酔いしれるのではなく、この世でだれより自分を知ること。眉の形、鼻の形、肘がきれいに伸びるか。人の目に映る自分を知ること。その意識があれば、フラも美しくなる。あとは、本気で上達したいなら、1年間、毎日1時間、練習したらいいと思います。オレは4年間、やりました。雨の日も、風の日も、毎日芝生の上で。

田中　せっかく興味を持ち始めたのであれば、ぜひこれから、目に映る樹木や草花、太陽や月、川や海、雨や風などすべての自然や、喜怒哀楽など肌で感じるすべての現象が、まるっとフラにつながるんだということを覚えておいてください。そういった毎日の気付きが、よりフラの世界との親和性を高めてくれるはずです。

　本日は、みなさん、ありがとうございました。

牛島敬太 （うしじま・けいた）
ケ・アーヌエヌエ・フラ・スタジオ主宰

中学生の時に初めて見たハワイのカネダンサー
に衝撃を受け、13歳からクウレイナニ橋本先生、
野村シン先生、その後、寺部ケイコ先生に師事。
2006年より、ハワイ島ヒロのコミュニティ・カレッ
ジに留学し、地元の有名クムフラ、故レイ・フォン
セカのハラウに所属し、フラ漬けの数年間を過ご
す。2009年に帰国し、恩師レイの快諾のもと、
神奈川県藤沢市に開校。スタジオ名のアーヌエ
ヌエはハワイ語で虹という意味。自身のハワイア
ン・ネームでもある。2009年、2011年、2013
年にメリー・モナーク・フェスティバルにダンサー
として出場し、何度も上位入賞。歌手としても活躍
中。

keanuenue.com
Instagram @keanuenuehula

池田雄記 （いけだ・ゆうき）
ハーラウ・オ・ククナ・オ・カ・ラー主宰

学生時代にクムフラ カラニ・ポオマイヘアラニ氏と
出会い、10年間アラカイとしてフラの礎を学び、
2011年9月にオラパフラとしてウニキ終了。その
後、フラ界の重鎮の一人、マスタークムフラである
故ジョージ・ホロカイ、その右腕であったクムフラの
アウケレ・シアンコよりハワイ伝統のフラを継承。また
チャンターでもありクムフラのカラニ・アカナの弟
子ジョン・アイウォヒより学び、2014年11月にクム
フラとしてウニキを終了。東京都東日本橋にククナ
オカラー※（太陽の光）という名の教室を開校。モッ
トーは「日本人ではあるけれど、尊敬する恩師たち
から受け継いだフラを、正しく継承する姿勢を貫く」
こと。特にハワイ語のチャント（詠唱、オリとも言う）
や楽器のフラに定評がある。またレイ作りやウクレ
レ演奏にも力を注ぐ。ハワイアン・ネームは、ケアラ
ポノ。2007年ホオラウレアジャパン、ジョージナオ
ペ カネフラコンペティションにて優勝。

kukunaokala.net
Instagram @kukunaokala997

※教室名のククナオカラーとは、ジョージ・ホロカイが愛したレイであ
り、言葉の意味である「太陽の光」で導かれたフラの道をまっすぐ歩
んで欲しいというクムの願いが込められている。

キャメロン・コナピリアヒ・バーカーシ
ハーラウ・フラ・オ・カ・ウア・キリフネ主宰

1999年オアフ島生まれ。祖父は高名なクムフラ、アル・バーカーシで、幼い頃からフラとハワイアン音楽に囲まれて育つ。その後、移り住んだ日本でフラを始め、2010年、クムフラ、イカイカと出会い、ハーラウ・ナー・カーネ・オ・イカイカに入門。2013年から2年間アラカイを務め、2015年に卒業。2016年に祖父よりウニキを受け、2017年から東京都江東区でハーラウ・フラ・オ・カ・ウア・キリフネ日本校を開校した。2018年9月オアフ島のフラ・オニ・エ・フラフェスティバルにハワイ校と共に出場して入賞。イベントやホテルのショーにも出演。

https://halauhulaokauakili.wixsite.com/
halau-hula--o-ka-ua
Instagram @cameronkonapiliahi

田中新 (たなか・しん)
ハーラウ・ケオラクーラナキラ主宰

エッカードカレッジ(フロリダ・米)にて4年間国際関係学を専攻、ハワイ大学マノア校大学院にて文化人類学を専攻。ハワイと日本の文化を研究し帰国。カラニ・ポオマイヘアラニにフラの基本を教わる。以後、故ジョージ・ナオペに本格的にフラを教わり、2003年、生前彼が右腕として全幅の信頼を寄せたクムフラ、エトア・ロペスに師事。日本で継続的にフラに従事するために、母の教室ハーラウ・フラ・オナオナ・オ・カ・マイレに所属しアラカイとして活躍。2013年、自身のハラウを立ち上げる。2013年ハワイ島ヒロにて行われた第50回メリー・モナーク・フェスティバルにおいて、フラ・ハーラウ・ナー・プア・ウイ・オ・ハワイのホオパア(ドラム)として日本人初の大役を務めた。フラのみならず、生花でのレイメイク、楽器作り、ハワイ語や歴史など、ハワイ文化全般に精通している。

halaukeolakulanakila.com/
Instagram @shin.tanaka.lanakila

クムフラは魂の修行……。

Shin's Story
イ・ムア！（前へ進め！）

text：瀬戸みゆき／写真協力：田中 新

ハワイの大学院に行って、初めてフラの洗礼を受ける

母がフラの先生。でもプラモと野球に夢中だった

母は、1979年にフラを習い始め、僕がまだ小さかった1983年、自宅の8帖の和室に鏡をばーんと貼って、フラ教室を始めたんです。だから、家ではハワイの音楽がよく聞こえていました。母がフラの先生だというと、僕も幼い頃からフラを習っていたと思われがちですが、フラに興味を持つことはなく、むしろ逃げてました（笑）。

子どもの頃、好きだったのはプラモデルやフィギュア。自分の部屋で、大好きな聖闘士星矢のフィギュアを戦わせたりして、一人で空想の世界で遊んでいましたね。

中学でソフトボール、高校時代は野球部に入って、本気で野球に打ち込みました。守備はファースト、打順は3番か5、6番。甲子園へは行けなかったけれど、この時の仲間が、実はその後の僕のフラ人生の始まりに関わってくるのです。

ちなみに母は、僕が中学3年か高校に入った頃、家族を集めて「私は今日からカマイレだから」と宣言しました。ハワイの人間国宝であったアンクル・ジョージ・ナオペ氏にハワイアン・ネームを授けられたそうで、その時から、母のことを家族みんな、「カマイレさん」と呼ぶようになりました。

留学し、国際関係学と文化人類学を専攻

高校卒業後は、父が弁護士で東洋大学の教授だったので、行くならどこか日本の大学の法学部かな……と、漠然と考えていました。大学の推薦受験の時期に、ちょうど留学のチラシを手にしていた僕を母が見て、占いで「あなたの子ども一人が留学する」と言われたとかで、「あなただったのね」となって。それで、「国際弁護士になる」と父を説得し、フロリダのエッカードカレッジへ進学することになりました。

ただ、国際弁護士になるには、カレッジの国際関係学を卒業後、インターナショナルロースクールへ行かなければなりません。留学して2、3年目で、これはあまりに果てしない道だなと（父様、申し訳ありません）。

その頃の僕は"日本とアメリカの文化の違い"に興味を持ち始めていて、卒業論文を提出した後、大学のメンター（担任）に「君が学ぶべきは文化人類学だ」とアドバイスされ、まさかの文化人類学に強いハワイ大学へ移ることに決めたのです。

しかし、空も海も青いハワイで僕を待っていたのは、大学院のマスターの宿題とブリッジプログラムと呼ばれる予備校（文化人類学のBD学士号を持っていなかったので）の勉強に追われる毎日。大学で教室を構え、当時から男性フラ界でトップを走り続けているクムフラ、チンキー・マーホエ氏から手招きされているにもかかわらず、です。ハワイにいるのにフラの「フ」の字にも触れることはありませんでした。

2002年ヒロで見た、男性フラに衝撃を受ける

そんな時、息抜きにと誘われたメリー・モナーク・フェスティバルで大きな衝撃を受け

ました。毎年、春にハワイ島ヒロで開催され、フラに携わる者たちが全身全霊をかけてパフォーマンスする、フラのオリンピックとも言われる大会です。

とくにカヒコ。当時はハワイ語なんてまるで理解できなかったのに、クムフラ、ジョニー・ラム・ホーの男性ダンサーたちの頭上に、まるで映画を観ているかのようにスクリーンが現れて、物語が見えたのです。踊りは気迫に満ちていて、観客の歓声もすごかった。連れて行ってくれたアンティから、カマプアアという豚の姿をした半神半人が悪戯な犬神を怒って追いかける神話で、振りはアンクル・ジョニーの創作だったと聞かされ、ますますワクワクしました。

母がフラを教えているから、自分も少しはフラを知っていると思っていたのに、知ったかぶっていただけだった。フラの世界が、じつはもっと深く大きいことを思い知った瞬間でした。

ちょうどその頃、学生ビザが切れる時期だったので、一旦帰ろうと日本へ戻りました。

チンキー先生とカマイレ先生と新少年

フロリダ留学時代、国連のインターンシップにて

カマイレ先生と新少年の卒業式で

お前はこっちだ、とフラに首根っこを掴まれて

高校時代の野球部の仲間5人でフラを踊る

　2002年4月に日本へ戻ると、数カ月間プロの写真家さんに師事していたこともあり、母の教室の発表会へ、フォトグラファーとして手伝いに行きました。発表会当日、ファインダーから見えた母の生徒さんたちが、なんと美しい表情をされるのだろう、と感動を覚えました。これがフラの底力なのか? フラの人の魅力を最大限に引き出すポテンシャルの高さ、エネルギーを垣間見た気がしました。そんな折、日本でフラを長く教えてきたクムフラ、カラニ・ポオマイヘアラニ氏の30周年記念コンサートで、カネダンサーを募集しているとクム、カラニから直々に誘われ、さも前々から決まっていたかのように、自然にフラを始めるようになりました。それまでずっとフラから逃げていたのに、今思えばメリー・モナーク・フェスティバルでフラに興味を持ったのをきっかけに、「フラ」の方から誘われたような感覚でした。

　その年の12月、高校時代の野球部だった仲間5人で、同じ野球仲間の結婚式の披露宴でもフラを踊ったんです。「ウルパラクア」という、マウイ島のハレアカラ山中腹に広がる牧草地帯を讃える軽快な歌。1カ月くらい練習して、もちろん上手とは言えないけれど、その場が笑顔で満たされる感覚はこれまでにはなかったことでした。

　その時のメンバーの一人が日下正雄で、以来、彼とはずっと一緒に踊っていて、現在はアラカイと呼ばれる生徒のリーダーなんです。彼がいてくれたことが本当に心強かった。野球部時代は犬猿の仲とまで言われていたんですけどね (笑)。

　気づいたら、母の教室の一員となってフラ修行が始まっていました。この時、フラというものに首根っこを掴まれ、お前はこっちだと、進む道を定められたのでしょうね。

クム、エトアと初対面。3日でカヒコを5曲!

　母の師の一人が、ハワイ王朝時代のフラを継承し、ハワイの人間国宝の称号を与えられたジョージ・ナオペでしたから、僕も時折、ハワイを訪れて学ぶ機会を持てたのは、幸運なことでした。ただ、アンクル・ジョージはすでに高齢だったため、ある日、「お前はエトアのもとへ行ってフラを学べ」と送り込まれました。

　それでハワイ島コナへ飛び、アンクルの一番弟子、エトア・ロペスと初対面と相成りました。その頃、フラをもっと知るために、母の教室にあったメリー・モナークのビデオを片っ端から観ては研究をしていました。なので、大会に出場する主要なクムフラたちの顔と名前、踊り方の癖、ルーツは勉強していたつもりでしたが、エトア・ロペスというクムフラは知らず、初対面で「この人は……どなた?」と思ったことは内緒です。今思えば、なんと失礼な。クムもクムで、「アンクルに言われたから仕方なく教えてやる」という態度でした (笑)。

　そんな不安もさておき、レッスンを始めるわけですが、いきなり、3日間で5つのカヒコを教わりました。ウーレイ・パフ、マイカイ・ケ・アヌ・オ・ワイメア、クイ・モロカイ、ハマクア、ホイ。どれも古式で、力強く、見事に惚れましたね。

　クム、エトアの教え方は、アンクル・ショー

ジもそうでしたが、すべて言葉で説明していくのがメインでした。踊って見せることはほぼほぼなかった。

「右足でダンと踏んで、左足を右内側に蹴り上げる、（聞いた通りにやってみる）YES、それがクイというステップだ。覚えたな?」という具合です。

田中家集合写真

しかも、レッスンするのはフリヘエ宮殿の庭（本当に贅沢なレッスン!）なので、鏡もありません。自分の踊りが見られないので、言われたことを感覚を頼りに、こうかな、もっとこれくらい? と、ポジションを変えながら、何度も繰り返す。それでエトアの目指す形になると、「イエス、それ!」とOKを出され、今度はそれを身体が覚えるまで繰り返す。これが、エトアのレッスン。だから教わる時は、五感を研ぎ澄まして踊るので、くたくたになりました。ただ、それが逆に、自分の体をどう動かすのかという鍛錬にもなっていたんだと思います。慣れてくると、クムがやってほしい動きがわかってきて、一発でそこに向かえるようになるんです。するとクムが、満面の笑みでレッスンをしてくれる。それが嬉しかった。しかし、現地の生徒さんたちには嫉妬されたこともありました。「新にレッスンをしている時のクムの表情が、私たちの時は違い過ぎる!」って（笑）そりゃそうですよ。クムのイメージに100%寄り添って、体現しようとしているのですから。

結婚式で

クム、エトアと

ジョージ、ナオペと

怒られたことも何度もあります。「Do you understand English?」って怒鳴られたり。でもたまにこう返すんです。

「No, I don't understand ENGLAND」って。わざとENGLANDと間違えてジョークで返すと、場が和み、クムは改めて丁寧に教えてくれます。そんな風にコミュニケーションを取りながら、フラを学べたことは、僕の財産です。

フリヘエ宮殿でのレッスン風景

2013年、ウニキを経て、独り立ちへ

ハーラウ・フラ・オナオナ・オ・カ・マイレは私一人のものだから

　2003年から10年間は、母の教室で生徒として学びながら、カネフラを教え、アラカイ（リーダー）として教室運営の補佐にも当たっていました。じつは、フラを学び始めて5、6年経ったころ。母に「ハーラウ・フラ・オナオナ・オ・カ・マイレ（母の教室名）は、私一人のものだから」と宣言されたんです。ああ、いずれは独り立ちしなさい、あなた自身のフラを探しなさいと、背中を押してくれたのでしょう。まだ踊り始めたばかりの自分を、一人前のフラに携わる者として見てくれた母には、感謝しています。その時から独立を考えるようになりました。

ホオパアとしてメリー・モナークの舞台に立つ

　2013年、クム、エトア・ロペス率いるフラ・ハーラウ・ナー・プア・ウイ・オ・ハワイが、50周年を記念したメリー・モナークに出場することになり、僕の最後の修行として、3カ月間ハワイに滞在し、ハラウに帯同しました。クムのハラウがエントリーした古典フラ部門で、ヒョウタンでできたイプヘケという古式の打楽器を叩く楽器隊（ホオパア）として手伝うことになりました。「これまで多くの日本人がダンサーとして舞台に上がるのは見たことがあるけれど、日本人がホオパアとしてメリー・モナークの舞台に立ったのはお前が初めてかもしれない」と言われて、まさに度肝を抜かれました。この3カ月間はとにかく、ハラウのために、一心不乱に働きました。2日で曲を覚え、合同練習で欠席した仲間（女性）の代わりにポジションについて、誰よりも早くクムの意図を汲み取り、フォーメーションをこなす。立ち回りながらも、休憩中には、なかなかついてこられない他の仲間たちに「こうすると良いかも」とアドバイスをしたり。クムからも、「新に合わせて動け」と言われたりと、アラカイとしての仕事を全うしました。ただ、打楽器のリズムを1カ所間違えたりしようものなら、物凄い形相で怒鳴られたりしたこともありましたけど……。

2013年5月12日、ウニキ。母の教室を卒業

　そんな死に物狂いで過ごした最後の修行を経て、2013年5月12日、ハワイ伝統のウニキの儀式に則り、母の教室を卒業。ウニキというのは、まだ一人前ではないけれど、一人のクムフラが生まれましたと、縁のあるクムフラたちにお知らせする儀式だと、僕は理解しています。

　僕のウニキは六本木にある国際文化会館で、カマイレ先生、エトア・ロペスをはじめ、ナー・パラパライのケハウ・タムレや日本で長年フラをシェアしているクムフラ、キナ＆カラニ・アシング兄弟、全日本フラ協会のマリア・ニーノ先生など、ハワイからも日本からも多くの著名人が来てくださり、みなさまの前でカヒコとアウアナを1曲ずつ、踊りました。錚々たる面々が客席にいらっしゃるので緊張しましたが、自分の師たちのために踊ろうという一心でした。唯一、アンクル・ジョージが2009年に他界されたことが残念でした。

ホオパアとしてメリー・モナークへ

カマイレ先生のスタジオで

ハーラウ・フラ・オナオナ・オ・カ・マイレを
ウニキ

ラナキラ始動。ショーにコンペに猛進!

2013年、ハーラウ・ケオラクーラナキラ誕生

　母の教室を卒業後、水道橋のビルのスタジオを経て、東京タワーが見える築50年のビル5階へ移り、ハーラウ・ケオラクーラナキラはスタートしました。生徒は母の教室時代に僕が教えていた男性17名。ハラウ名は、近代ハワイのフラの礎を築いたジョージ・ナオペのミドルネームにちなんだもので、「ラナキラ（勝利、成功）の命が宿る場所」という意味です。僕にフラの道を拓いてくれた師でもある母のためにも頑張らねばという気持ちと同時に、正直、毎日が不安との戦いでした。

　まず、生徒を集めるためにSNSを使って体験者募集やレッスンの様子を動画でアップしたり、業界最大手の雑誌「HULA Le'a」に広告を出したり。また、岡田央氏や日下貴博氏、ナー・パラパライのケハウ・タムレ氏など、それまでに知り合ったミュージシャンの方々が、ライブやSNSなどで「新くんが独立して教室を始めたみたいだよ」「男性のクラスがあるよ」と宣伝してくれて、本当にありがたかった。おかげで、その年の11月には男性だけでなく女性も集まり、総勢40名以上になっていました。

カーネギーで踊り、コンペにも次々挑戦

　とにかくハラウを盛り上げ、集まってくれた生徒たちにフラを楽しんでもらいたい。そう願っていた2014年、母の教室に同行させてもらう形で、僕とクプナカネ5名がNYのカーネギーホールで踊る機会に恵まれたほか、

2024年で9年目を迎える東金文化会館のイベントへのゲスト出演も決まっていきます。

　ハワイのフラの競技会に、自身のハラウとして初めてチャレンジしたのもこの年。ハワイ島コナで開催されるクプナ・フラ・フェスティバルという大会で、自分たちの出番が回ってきた時、司会者に「Hālau Keolakūlanakila under the direction of Kumu Hula Shin Tanaka!!」と紹介された時はもう、「ああ、そうか、僕はクムフラになったんだ」と、感動してしまいました。同時に、今後表舞台に立つ際には全てが主宰である自分に責任があると、改めて覚悟したのを思い出します。

　ハラウ3年目には、ますますショーやコンペ、イベント参加など、今思えばノンストップ、全力で突っ走っていました。日本国内屈指のフラの大会ホオラウレアで、初めてカネクラスの生徒たちが、カヒコとアウアナの両部門で優勝し、それなりに生徒たちの実力も上がって満足する半面、クムフラとしての仕事の大変さに飲み込まれそうな自分もいました。

ラナキラのロゴ。ハワイの伝統文化であるオへ・カパラ（竹を使った模様プリント）、ニホ マノー(サメの歯＝強さの象徴)、サイコロのような模様はUa（ウア／雨＝祝福）を意味。らせん状のものはDNAを象徴し、故ジョージ・ナオペ氏のフラを継承していくという意思の表れ。シルエットの鳥は、Pueo（フクロウ）。

創立時のメンバーと

はじまりのメンバー創立記念写真。後ろに東京タワーが

2015年のレッスン風景

写真・笹崎研　寅金文化会館での初舞台

ホオラウレアジャパン優勝

2014年、カーネギーホール遠征

クムフラとは、魂の修行なり

曲を選び、振りを付け、レイを作り……

クムフラは、踊りを教えることだけが仕事ではないんです。どのクラスにどんなフラがその時必要なのか。フラを踊る生徒たちにそのフラを踊ることでどんなメッセージになるのか。それらを考えながら曲を選び、リサーチをかけ（時には作者本人に詩の背景を直接伺ったり）、振りを付け、その振り付けをおろし、踊り方や向き合い方を教え、歌の舞台になった山や海や川といった土地の写真を探して見せます。ひとまずここまでが「踊りを教える」ということ。そして、歌の内容に合った衣装を制作するため、衣装屋さんへ向かい、時代考証や土地の全体的な色味のイメージ、そこに自生する花々等々を含めて、歌の内容に沿った生地やドレススタイルを選び、発注します（もちろん、イベントに間に合わすために納期を考えて）。

競技会に出場するといった場合はさらに、曲の内容にマッチした生花でレイを作るために（花なら何でもよいわけではない）、1〜2カ月前から、朝4〜5時頃に花卉市場へ行き、数カ月先に数百本の入荷が可能かどうかを確認し、コンペ数日前に花が届くよう手配します。花材によっては当日に咲き誇ってもらうために、入荷時期をズラしたりして。僕は基本、レイメーカーさんに発注するというよりは、自分（あるいは自分たち）でレイを作っています（インスタにもその様子が載っていたりします）。

新米クムフラとして学ぶことが山積み

クムフラというのは、総合的な演出家でありプロデューサー、歴史研究家でありながら、振り付け師、衣装デザイナー、レイメーカーでなければならない、と教わっています。さらに、コンペに出ないクラスの生徒には、通常のレッスンだってある。新米クムフラとしては学ばなければならないことも山積みで、いつ寝るのというくらい追われていました。

そのうえ、生徒の中には僕と肌が合わない人もいますし、生徒間の問題も時には起こります。

物理的な忙しさと、フラを妥協なく創作する大変さ、人間関係の難しさ……疲れ果てていた僕は、ある人に言われました──「クムフラって、魂の修行ですね」。この言葉に深く納得です。ただ、今思うと、すべてが学びだったと感謝しています。すべての出来事が今の僕を形成するのに必要不可欠。「有難し」です。

夢に一歩届かなかった伊香保

2017年、僕はひとつの夢を抱いていました。それは、メリー・モナーク・フェスティバルの前夜祭で、クム、エトア・ロペスの叩くドラム（太鼓）で踊り、エトアや母、そして母の師であるジョージ・ナオペのフラの系譜が、日本にも確かに息づいていることを、自分なりに表明することでした。

メリー・モナーク・フェスティバルの前夜祭は、毎年ハワイ内外のゲストハラウが踊れる枠があるのですが、4年に一度だけ、群馬県伊香保で開催されるフラの競技会で優勝すると、その枠を手に入れることができるのです。そうです、夢に手

が届くチャンスがあるのです。しかし、残念ながら一歩及ばず。その時一番悔しかったのは、夢に届かなかったことよりも、クムのフラを優勝に届かせることができなかった自分の、クムフラとしての力量のなさに申し訳なさを感じたのです。これからも、クムフラとして精進し、またいつか、夢に挑戦したいと思います。

レイメイクは重要なクムフラの仕事

伊香保での記念撮影

【レイメイク動画】

伊香保ハワイアンフェスティバル 2017

Shin's Story

一方通行ではなく、誰かのために

2018年、創立5周年で初めての発表会

創立してあっという間に5年が経ち、この年、初めてのホイケ（発表会）を開きました。ありがたいことに、開催の半年前にチケットが完売となったのですが、まだまだスタッフも経験も少なかったため、約2時間の舞台を創りあげる作業は想像を超えていて、僕はまさに満身創痍の状態に。それでも、なんとか当日を迎え、フィナーレの舞台で客席のみなさんから大きな拍手をいただいた時には、不覚にも涙が止まりませんでした。

発表会の準備はもちろん大変でしたが、僕自身、全身全霊で楽しもうという心構えでしたから、大変でも辛かったわけではありません。制作に携わってくれたスタッフや生徒たちも頑張り通し、最後はずっと満面の笑顔でしたから、それを見られたことが宝物だと、心から思えたのです。

"見せる"→"誰かのために踊る"フラへ

5周年のホイケを終えた頃、僕の中に、フラに対する気持ちの変化が生まれてきました。それまで積極的にコンペに出場してきましたが、僕はコンペ至上主義者ではありません。ただ、コンペに出ることによって、生徒のフラのレベルが向上します。ここに、隠さず付け加えると、自分自身もほかの日本人クムフラたちに早く追いつきたいという思いもありました。

日本でハラウを持っている同世代の先生たちは、幼い頃からフラに接していた方が多い。でも、僕は留学を終えてからだったので、スタートが遅かった。だから、他の先生が

10年かかって高めたフラを、自分は5年で成さねば……と。それで、突っ走った5年でした。やがてコンペでも少しは勝てるようになり、多少なりとも自信がついてきました。一瞬、カッコいいだろうとも思ったりして。でも、それは、ちっともカッコよくなかった。自惚れていただけでした。我々フラダンサーは、「どうだ、上手に踊れてすごいだろう」と見せつけるために踊るのではなく、見てくれる方と意思疎通を図り、ミュージシャンや「フラの世界線」とコミュニケーションを取るべきだと、ハラウを立ち上げてからずっと生徒のみなさんには伝えてきたつもりでしたが、この頃になってようやく「伝えられる」時期が来たんだと感じました。伝えたところで、相手が理解していなければ、それは「伝えた」ことにはなりませんからね。

ナー・パラパライのため踊る

ちょうどその頃、ハワイの人気ビッグ・グループ、ナー・パラパライとのコラボレーションの機会をいただいたのです。まさに「今」伝えるべきタイミングが来たと思いました。「ナー・パラパライの歌で私たちはこんなに踊れるぞ」ではなく、彼らが素晴らしい演奏と歌を生み出してくれることに感謝しなくちゃいけない。なので、目標は「ナー・パラパライに感謝して、ナー・パラパライのために踊る」ことだよと、生徒たちに伝えました。そしてその気持ちを共有して踊りました。するとステージ上で、ナー・パラパライのメンバーたちからも感謝の気持ちが（イメージですが）伝わってきた気がしました。観客のみなさんも私たちも、温かく楽しい空気感と、

愛に満ちたエネルギーが循環するのを感じたんです。この時初めて、僕が伝え続けたことが昇華されたと実感しました。

　自己顕示欲ではなく、誰かに喜んでもらえるフラ。それが本当の意味で意識できるようになったのは、この頃からでした。

写真／笹崎 研　　ハラウ5周年の第1回ホイケ

写真／笹崎 研　　ハラウ5周年の第1回ホイケ

2018年、ナー・パラパライとのコラボレーション

新たな喜びを感じたコロナ禍

コロナ禍には、生徒100名以上にLINE添削!

2020年、新型コロナウィルス蔓延による世界規模のパンデミックが起きました。4月には緊急事態宣言が発出され、ケオラクーラナキラも集まって踊る活動を休止せざるを得ませんでした。それでも、ハラウに所属する生徒たちにできる限りフラに触れてもらうために、ビデオレッスンやLINEでの添削レッスンを行ったりと、試行錯誤の数カ月でした。

コロナ禍が始まった頃は、僕も生徒もまだZoomを使っていなかったし、スマホやネットを使いこなせない生徒もいたので、混乱の極みでした。

LINEは比較的、使いやすかったですが、なんせ100名以上の生徒全員に、個人レッスン、動画で添削……。いやぁ、大変でした。

夜、何人あるいは十何人が投稿してくれるわけです。そして、3〜4分のフラの動画を見る。何度か繰り返し見て、ダメな箇所とどう修正するか、一つずつコメントをつけ、一人の添削に1時間くらいかかることもありました。そんなことを1〜2カ月間続けました。

おかげさまで、ハラウを閉めている間に退会した人はほとんどいなかった。ご家族の心配や会社からの集会制限令もあって、一定期間お休みした人は数人いましたけど。

緊急事態明けに、踊れる喜びを噛みしめ

結局、何度か緊急事態宣言は繰り返されましたけど、僕は1回目が5月末に解除され

てから、希望者はいつでも踊りに来られるよう、ハラウを開け続けました。もちろんソーシャルディスタンスや換気、マウスガードなどを使ったりして、気を配りました。自己免疫を上げれば発症リスクは下がるはずですから、大好きなフラを踊って、笑顔になって免疫もアップさせましょう! と。

実際、何カ月かの間、家に閉じこもり、オンラインでしか人と話せない時期を経て、ハラウでのレッスンに来た生徒たちは、仲間と一緒に踊れる喜びを噛みしめていました。ただの習い事が人として当たり前の生活の基盤にある。そういう喜びの場所を守り抜くことに使命を感じたのです。アートや芸術というものは、時に生活の上では余剰分という位置付けをされがちですが、とはいっても、実は人間の「生きる」に直結したエネルギーの産物なんだ、ということにも気付かされました。

土砂降りの雨の中、最高のフラが踊れた

2021年は、コロナ禍による規制が徐々に緩和されましたが、まだまだ大勢で声を出したり、密になることは憚られていました。フラのイベントも少しずつ増えてきたものの、プロモーターさんたちもオンラインでの開催にシフトチェンジしてきました。

そうなると、フラを撮影するために、室内ではなく野外に集まり、自然の中でフラを踊る機会が必然と増えるわけです。すると、吹く風の心地よさや木漏れ日の優しさを感じながら踊るうちに、私たちは気付くんですよね。フラは自然と共にある、ということを。

この年の5月、クプナとマクアヒネがオンラ

インのイベントに動画を出展するため、秋川渓谷へ撮影に訪れました。課題曲の1曲が川の美しさを謡っているので川を間近に見て踊ってほしかったんです。さらに言えば、もう1曲は雨の美しさを語っているので、正直なところ、雨も降ってくれると最高なんだけどなぁと心の中で願っていたのです。

コロナ禍のクラス

当日はまさかの曇りのち雨の予報。撮影が始まった午前中は曇り。午後にかけて雨が降り出しました。心の中で「もう、自然さん（擬人化してる）、最高です!」とハイタッチしていたことは内緒です。ダンサーのみなさんは、衣装も髪もメイクもステージ用に仕上げていましたが、見事にずぶ濡れに。それでも最初は嫌がっていた人も、そのうち、「雨に打たれて踊るのが気持ちいい」となり、撮影していた僕も、なんて綺麗なフラなのだろうと、見惚れるほどでした。どのダンサーの顔も舞台上のスポットライトの中より、清らかな喜びに満ちていたのです。雨を美しいと思えば、キラキラした雨が彼女たちを飾ってくれて、川への敬愛を表せば、川が彼女たちと共にリズムを合わせて踊ってくれる。それは美しいものでした。

自然の中で踊るGiGi's

自然界には精霊たちがいて、だからハワイの人々は、森に入る時にオリを唱える。許可を得て、精霊たちと共に在れば、自然は私たちを受け入れ、サポートしてくれる。だから、この日は最高の雨を降らせてくれた。だから鳥たちが歌ってくれた。だから全員を無事に踊らせてくれた。あの日のみんなの踊りは、ケオラクーラナキラ史上、最高のフラとなりました。

自然の中で踊るマクアカネ

雨の恵みを受けた秋川渓谷で

イ・ムア！（前へ進め！）

10周年ホイケを終えて

　10年前に、ケオラクーラナキラを立ち上げて……。コンペティションに明け暮れたり、突然のコロナ禍に翻弄されたり。嬉しいことも厳しいことも、いろいろありました。

　でも、僕はクム、エトアに常々、「お前はフラと結婚したと思え。【クムフラ】で在れ」と言われてきました。この【クムフラ】という表現がまた重くて。ただのダンスインストラクターではなく、ちゃんと誰かに光の道を指し示すことができる知識と技量のある指導者で在れ、という意味なんです。また、「You must be solid、お前がちゃんとぶれずに、根を張って、クムフラとして生きなさい」と、厳しくもありがたい言葉もいただいているので、たとえ大変でも、進むことしか考えられない。

　ただ、10年前とは、フラに対する考え方が変わってきてはいます。もちろん、フラはハワイの文化だから、ちゃんと敬意を持ってフラと向き合っています。フラの系譜や伝統を大切にする、そのことは揺るがないけれど、日本人にとっては伝統を大切にするためのフラが最重要ではないのかもしれないとも、思い始めています。どれだけ深くハワイアンに従事したところで、僕の日本人の血までは変わりません。「本格的」とうたったところで、「本物」にはなれません。なので、フラの大切な部分は踏み外さないようにしつつ、フラが僕や僕の生徒たちの人生に彩りをもたらすものであってほしいと思うのです。そしてそれはきっと、今よりももっと心を豊かにするものであると思うわけです。

フラや楽曲の背後に広がるもの

　今、僕たち日本人が、フラを通じて何を知るべきかというと、フラという踊りそのものというよりもむしろ、フラや楽曲のその背後に広がる、自然とのつながりを知るべきだと感じています。「自然を大切にしよう」ではなく、そもそも「人間と地球は一つ」なのだと気付いてほしいのかもしれません。僕と関わる人たちに、100人中、数人でもそのことを知ってもらえたらと思っています。

　そして、こんな僕が考え、生み出せるフラを楽しいと思ってくれて、田中新のフラを踊りたいという人がいる限り、ぶれずに続けていきます。ありがとうございました。

　イ・ムア！（前へ進め！）

語り手はダディ・プメハナ氏

大阪から駆けつけてくれた
渡辺ゴースケ先生のバンド【カラウナ】

10周年のホイケ。ここからまた始まる

総勢150名の走馬灯のようなショー

歌詞は「原作」、振り付けは「脚本」、
フラは「物語」そのもの。

メンズフラアンケート

Q4 あなたにとってフラとは？

生涯の楽しみになりました。
（クプナカネ・フラ歴17年・81歳）

健康維持、認知防止。
（クプナカネ・フラ歴9年・70歳）

人生を彩るもの。体が動かなくなるまで
続けたい。
（クプナカネ・フラ歴6年・76歳）

日々の生活をリフレッシュできるもの。
（クプナカネ・フラ歴9年・70歳）

パーキンソン病を患っていますが、手の
震えが逆に雨をうまく表わせたり（笑）。
ずっと続けたいですね。
（クプナカネ・フラ歴10年・88歳）

大切な時間です。誘われた時に人生変
わるって言われましたが、確かに良い先
生、良い仲間に恵まれて良い時間を過
ごさせてもらっています。
（マクアカネ・フラ歴9年・57歳）

完全に生活の一部です。ハワイ・天と地・
新先生・ハラウのメンバーすべてとつな
がっていると感謝。
（マクアカネ・フラ歴8年・60歳）

ヒトに帰れる時間。
（カネ・フラ歴10年・58歳）

生活の中で常に新しい刺激を与えてくれ
るモノ。
（マクナカネ・フラ歴9年・61歳）

家族みんなが笑顔になるもの。
（カネ・フラ歴1年・13歳）

人生の余白を埋めてくれるもの。
（カネ・フラ歴7年・30歳）

心の癒し。
（カネ・フラ歴3年・25歳）

新しい世界、知らなかった世界、これか
ら挑戦していく世界。
（カネ・フラ歴3年・49歳）

ハワイ文化の精神性と日本古来の神道
を基にした精神性が似ているところも多
く、ハワイの文化や神話、ハワイ語の意
味に触れることで穏やかな気持ちにさせ
てもらえます。また、レッスンで仲間との
触れ合う時間が仕事の区切りになるの
で、私にとってフラは精神安定剤です。
（マクアカネ・フラ歴15年・67歳）

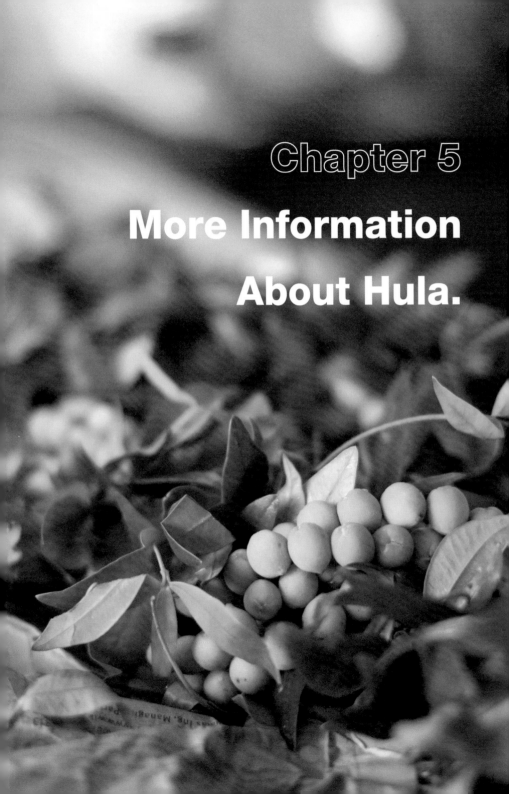

Chapter 5

More Information
About Hula.

Refarence ①
本書に出てくる語句解説

text：瀬戸みゆき

【ハワイの王族】

カラカウア王
King Kalakaua

デイビッド・カラカウアは第7代国王。英語を操り、文才に長け、音楽好きで、陽気な王様（メリー・モナーク）と呼ばれた。宣教師らの弾圧を受け、宮廷内で擁護されていたフラを、自身の戴冠式の祝賀会をフラで盛大に祝い、フラ復興に尽力した。州歌「ハワイ・ポノイ」はカラカウア王が作詞。ハワイがハワイであることを継承せよと力強く語りかける詞で、ハワイの人々を鼓舞し続けている。カラカウア王を讃えるフラは数多い。

リリウオカラニ女王
Queen Lili'uokalani

1891年、カラカウア王がサンフランシスコで病死。王位を継いだのが、妹のリリウオカラニ。当時、世情はアメリカ合衆国併合へと流れていた。リリウオカラニ女王は人民の流血を避け、1893年に王位を退き、ハワイ王国崩壊を見届けた。今でも、女王の英断に感謝と涙をもって、リリウオカラニを讃える歌が歌われ、フラが踊られる。

カメハメハ大王
King Kamehameha the Great

それまで戦国時代だったハワイを1810年に統一。その後、大王の息子や孫4人が王位を継いだが、大王ほどの偉業を遂げた王はいなかった。古今、カメハメハ大王を讃えたチャントやフラが盛んに踊られている。

カアフマヌ王妃
Queen Ka'ahumanu

カメハメハ大王の寵愛を受けたカアフマヌ王妃は、1819年に大王亡きあと、王位に就いた大王の息子の背後で実権を握った。カアフマヌがキリスト教に改宗したことで、宣教師らの発言力が強まり、ハワイの神を祀るヘイアウ（神殿）は破壊され、フラが禁じられた。近代ハワイへの道を速めたか、王国滅亡を招いたか、賛否は分かれる。

【フラ・マスター】

ジョージ・ナオペ
George Na'ope

ハワイアン・ネームはラナキラケイキアヒアリイ Lanakilakeikiahiali'i（ハワイのすべてのものを護る人という意味）。"打ち勝つ"という単語ラナキラは、田中新のハワイアン・ネームで、ハラウ名に継承されている。ジョージ・ナオペは、幼少から曾祖母よりフラを学び、10代からフラを教えた。その後は、昼は厳格なクムフラ、夜は歌って踊る芸人として活躍。メリー・モナーク・フェスティバルを始め、数々のフラ大会を立ち上げた。また1970年代には、ハワイ島ヒロの刑務所で囚人にフラを教えていた。希

望や誇りを失ったハワイの若者を、フラで更生させるためだった。生涯をフラに捧げ、ハワイ内外の多くの人々に惜しまれながら、2009年に永眠。

ジョージ・ホロカイ
George Holoka'i

ジョージ・ナオペと並ぶ、フラ界の重鎮として多くの若手クムフラを指導。そのクムフラたちは、現在のフラ界を担うベテランとなっている。19歳からトム・ヒオナに学び、その後、伝説のイオラニ・ルアヒネの叔母であるリリアン・マカナエに師事。宮廷時代から継承されたフラを現代へつないだ。2006年に他界。

【クムフラ】

エトア・ロペス
Etua Lopes

長年の厳しいフラ修行を経て、1978年、ジョージ・ナオペよりウニキを受けた。その後、30年間以上、ハワイ文化継承の道を歩み続ける。ハワイ島カイルア・コナに建つフリヘエ宮殿内で、現在、フラを教えることを許された唯一のクムフラ。フラ・ハーラウ・ナー・プア・ウイ・オ・ハワイ主宰。メリー・モナーク・フェスティバルへ何度も出場、審査員も務めてきた。

チンキー・マーホエ
Chinky Māhoe

1970年代後半から1980年代前半に、フラ界に男性フラの革命が起きた。ダリル・ルペヌイという巨漢のクムフラが、古代戦士のようなカネダンサーを率いて、それまでなかった力強いフラで観客を熱狂させた。そのフラを継承する一人が、チンキー・マーホエだ。1977年から5年間、ダリルのザ・メン・オブ・ワイマープナで踊り、その後、カヴァイリウラーを主宰。カネの凛々しいカヒコ、コミカルで楽しいアウアナが、チンキー・スタイル。

ジョニー・ラム・ホー
Johnny Lum Ho

1970年代からメリー・モナーク・フェスティバルの常連だった、ハワイ島ヒロのクムフラ。フラの流派に属さず、独学でフラを創り出し、ハーラウ・カ・ウア・カニレフアを人気ハラウに育てた。当初、「あれはフラではない」と酷評する審査員もいたが、観客

は大歓声でジョニーのフラを楽しんだ。1980年代には、ジョニーの斬新なフラを認める審査員も増え、カネ、ワヒネ共に優勝、入賞を重ねた。唯一無二のフラを生み続け、2022年に旅立った。

レイ・フォンセカ
Ray Fonseca

もとはタヒチアン・ダンサーで、ジョージ・ナオペの付き人をしながらフラ修行。1979年、カヒキラウラニというハワイアン・ネームをアンクル・ジョージより授かり、ハラウを開校。伝統的なスタイルを継承しながら、独特な美意識で衣装やレイにこだわったフラでファンも多かった。ジョージ・ナオペを追うように、2010年に急逝。

アル・バーカーシ
All Makahinu Barcarse

カウアイ島出身。高校時代に学校でフラを教わり、1951年からクムフラ、レオラニ・リヴェラにフラを正式に学ぶ。その後、マオリ（ニュージーランド）の踊りも多く習得。数々のショーに出演しながら、学校でフラやハワイアン・スタディを子どもたちに教えた。ハーラウ・カ・ウア・キリフネを主宰し、メリー・モナーク・フェスティバルにも出場。2016年他界。

渡辺コースケ

早くから日本でフラを教えてきたクムフラ、トニー・タウヴェラに憧れて、師事。フラ、ハワイの歴史文化、ハワイ語を学び、ハーラウ・フラ・オ・カ・モク・オビオ・オ・カ・ラニを主宰。関西を中心に教室を展開する。ミュージシャンでもあり、カウラナというグループで活動。2012年には、ハワイのグラミー賞と言われるナー・ホク・ハノハノ・アワードで、インターナショナルアルバム賞を日本人で初受賞。

カマイレ田中幸子

1979年よりフラを始め、2000年代にフラブームが広がる以前から、ジョージ・ナオペやチンキー・マーホエより学び、日本のフラ界を牽引。1994年のワールド・インビテーショナル・フラ・フェスティバルにて、カヒコ、アウアナ、ハワイ語の3部門で最高得点を獲得。この年、ハーラウ・フラ・オアオナ・オ・カ・マイレを発足。1999年にはメリー・モナーク・フェスティバルの前夜祭にも出演した。現在は少人数クラスで、フラへの深い知識と愛情を生徒に注いでいる。

【フラ楽器】

ウリウリなど

フラには、ダンサーが手にして踊りながら鳴らすフラ楽器がある。先端を割いた竹の棒プーイリ、小さな石を両手に2個ずつ持ってカスタネットのように鳴らすイリイリ、夏みかんサイズのヒョウタンに持ち手をつけ、その先を羽根で飾ったウリウリなど。これらは、風や雨の音を表わす場合やダンサーが自らオリを唱える際の拍子をとるためや、アウアナでテンポのいい曲を賑やかに踊りたい時に使われる。

【雨の名前、風の名前】

カニレフア、キープウプウなど

ハワイではその土地、町、山、谷などに吹く風や降る雨に、固有の名がついていて、その数は数百以上。カニレフアはハワイ島ヒロの雨。さらさらした通り雨のように降り、レフアの花を軽く打つ音がする。キープウプウはハワイ島ワイメアの強く冷たい雨。ほかにもロクはカウアイ島ハナレイの土砂降りの雨。アママはマウイ島ラハイナに吹く海風だ。歌やチャントには、風雨の名がよく出て来るので、どんな雨、どんな風かを思い浮かべることが大切。

【聖地】

キラウエア
Kīlauea

ハワイ火山国立公園内にあるキラウエア火山。そのハレマウマウ火口には火山の女神ペレが棲むという。古くから語り継がれるペレ神話は、ペレと妹ヒイアカが一人の若者を巡って対立し、ハワイ各島を舞台に繰り広げられる。王族を讃えるフラ、土地を讃えるフラと同じように、ペレ神話を表わすフラというカテゴリーがあるほどで、メリー・モナーク・フェスティバルへ出場するハラウが、ハワイ島へ到着後、まず

訪れるのがキラウエアだ。女神ペレへフラを奉納するのが慣例となっている。現在、火山活動が活発なため、出かける際は情報確認を。

【フラ・イベント】

メリー・モナーク・フェスティバル
Merrie Monarch Festival

2024年に第61回を迎えたフラ大会の最高峰。大会名のメリー・モナークは陽気な王様という意味で、カラカウア王の愛称。毎年、ハワイ島ヒロで、復活祭の週末に開催される。選ばれた30近いハラウが出場し、木曜はミス・アロハフラ（女性のソロ）、金曜にカヒコ群舞、土曜にアウアナ群舞が競われる。チケットは入手困難だが、3夜に渡ってテレビ生中継がインターネットで見られる。
オフィシャル・サイト　merriemonarch.com
ライブ配信　hawaiinewsnow.com/merriemonarch

クプナ・フラ・フェスティバル
Kupuna Hula Festival

ハワイ島コナで、もう40年以上続くシニア世代の"メリー・モナーク・フェスティバル"。「フラでより健康に」と始まったフラ大会で、ハワイ内外のシニア・ダンサーたちがソロと群舞を披露する。日本のフラ教室の参加も多い。毎年9月上旬に開催。＊コロナ以降は未定
hawaiiislandfestival.org

ホオラウレアジャパン
Ho'olaulea Japan

2001年から始まった日本のフラ大会。審査員はハワイのクムフラが務め、出場グループが踊り終えるとその場で良い点や直すべき点を評してもらえる。出場者も観客も多くを学べるアットホームな雰囲気のフラ大会。現在は神奈川県川崎市で開催。
hoolaulea.meleohana.co.jp

伊香保ハワイアンフェスティバル

温泉で有名な群馬県伊香保はメリー・モナーク・フェスティバルと縁が深く、その年のメリー・モナーク優勝ハラウがショーを行うことで有名。開催は8月初め。全国から集まったフラダンサー約4000名が、石段や特設ステージでフラを踊って楽しむ。4年に一度のフラ大会で優勝するとメリー・モナーク前夜祭に出場できる。
ikaho-kankou.com

Refarence②
おすすめ スポット・サイト・イベント・本

text：瀬戸みゆき

【フラダンサーが感動するハワイ】

イオラニ宮殿
Iolani Palace（オアフ島ホノルル）

ハワイ第7代国王カラカウア王が建てた宮殿。王朝時代の栄華を今に伝える、フラダンサー必見の歴史スポット。館内ツアーあり。地下の博物館の本物の王冠やリリウオカラニ女王の宝飾品展示は必見。

iolanipalace.org

ビショップ博物館
Bishop Museum（オアフ島ホノルル）

ハワイの歴史に関する膨大な数の収蔵品を誇る博物館。ハワイアン・ホールの1〜3階には古代から王朝時代の品々が展示され、とくに表面が小鳥の羽根で覆われた酋長のマントや、ホール入口横に展示された昔の王族のカヒリ（鳥の羽を飾った儀式用のポール）は見もの。

bishopmuseum.org

リリウオカラニ・ボタニカル・ガーデン
Liliʻuokalani Botanical Garden（オアフ島ホノルル）

かつてリリウオカラニ女王の所有地で、女王お気に入りのピクニック場だったガーデン。ミロ、マネレ、コウ、ヴァウケなどハワイの植物が見られる。

honolulu.gov/parks/hbg

ハレアカラ国立公園
Haleakalā National Park（マウイ島）

東マウイの中央にそびえる標高3055メートルのハレアカラ山。ハワイ語で太陽の家という意味の山で、マウイ島を愛でる歌にはよく描かれている。日の出ツアーが人気。

nps.gov/hale/index.htm

ハワイ火山国立公園
Hawaii Volcanoes National Park（ハワイ島）

広大な公園内にキラウエア火山があり、そのハレマウマウ火口に女神ペレが棲むと言われる。ハワイアンにとっての聖地で、ペレ神話の舞台でもある。白煙を上げる火口が見られ、熱帯雨林を歩くトレッキングツアーなども楽しめる。現在、火山活動が活発なため、出かける際は情報確認を。

nps.gov/havo/index.htm

フリヘエ宮殿
Huliheʻe Palace（ハワイ島カイルア・コナ）

カイルア・コナの海辺に建つ宮殿。1838年、カメハメハ大王の義弟で初代総督クアキニが建造。のちにカラカウア王の夏の別荘となった。田中新が師事するクムフラ、エトア・ロペスは、この宮殿の庭でフラを教えている。

daughtersofhawaii.org/hulihee-palace/

【便利なネットサイト】

ハワイ観光局（日本語）

旅行者に必要なハワイ各島の最新ニュースほか、旅行や観光に役立つ情報が満載。

gohawaii.jp

フアパラ
huapala（英語）

古いチャントから新旧ハワイアン・ソングが多数調べられる。訳のほか、その曲の作者や歌詞の内容についてもコメント付き。ハワイの人たちもよく利用する有名なサイト。

huapala.org

アヌヘア
anuhea（日本語）

ハワイの花、植物、野鳥図鑑。ハワイ在住のグラフィックデザイナー、崎津鮑太郎氏が制作。とにかく写真がきれい。花も鳥も見ているだけで癒される。しかも、小鳥の鳴き声まで聴ける。

anuhea.info

フラレア・オフィシャル・サイト（日本語）

「フラレアHula Le'a」は、2000年に創刊された
フラの専門季刊誌。オフィシャル・サイトには、「フ
ラ&ハワイ便利帳」があり、最新のイベント情報が
チェックできる。関東圏だけでなく、全国のフラ大会、
ワークショップ、フラ・イベントの詳細を多数紹介。
hulalea.com

フラ・プリザベーション・ソサエティ
Hula Preservation Society（英語）

敬愛された故ノナ・ビーマーの孫が運営。ハワイの
クムフラたちの知識と歴史を保存し、現代に伝える
ことを目的とした非営利団体。ノナ・ビーマーが生
前から紹介していた古式なフラ・キイ（人形を用い
て踊るフラ）や伝説のイオラニ・ルアヒネの希少な
古い映像なども見られる。
hulapreservation.org

【日本でフラを体験してみよう】

エピリカコウ・ジャパン
E Pili Kakou Japan（千葉・幕張）

2000年代から続く、2日間のフラ・ワークショップ。
ハワイのクムフラやクラフターたちが開くアウアナ
やカヒコ、クラフトのクラスが受けられる。初心者
もウェルカム。来日クムやクラスは、毎年変わる。
kalauaejp.net

カ フラ ホア
Ka Hula Hoa（神奈川・横浜、愛知・名古屋）

ステージでは参加ハラウが踊り、ショップのブース
では服、アクセサリー、ハワイアン&フラ・グッズが
いろいろ。体験型のクラフトブースも。ハワイから
招くクムフラの本格ワークショップから1コインのミニ・
レッスンまで、1日楽しめるイベント。横浜の大桟橋、
名古屋でも開催。入場無料。
kahulahoa.com

【ハワイの歴史を知ってみよう】

『Hawai'i Looking Back / An Illustrated History of the Islands（ハワイ・ルッキング・バック アン・イラストレイテッド・ヒストリー・オブ・ザ・アイランズ）』（洋書）①

古代から現代まで、ハワイの歴史本の集大成。
2000年に発刊されると、多くのクムフラも買い求め
たほど。ハードカバーの大判でカラー、415ページ。
キャプテン・クックのハワイ到達以降、西欧人によっ
て描かれた石版画や写真を数多く収録。
Mutual Publishing

『THE HAWAIIAN Monarchy（ザ・ハワイアン・モナーキー）』（洋書）②

約100年続いたハワイ王国の8人の王と女王、また
歴代王妃やカイウラニ王女を紹介。写真も多く、王
族を主題にしたフラを調べる資料や衣装の参考にな
る。ハードカバー、カラー137ページ。
アラン・セイデンAllan Seiden著、Mutual Publishing

【ハワイの言葉、歌、自然を知ろう】

『Hawaiian Dictionary（ハワイアン・ディクショナリー）』（洋書）③

最も信頼され、使われているハワイ語辞書。ハワイ
語学の第一人者として知られたプクイ女史とアルバー
ト氏によって、1957年に出版。ハワイ語を学ぶ人
には必須の一冊。
メアリー・カヴェナ・プクイ&サミュエル・H・アルバート
著／University of Hawaii

『ハワイ語の手引き』④

クムフラで、手話ダンスの考案者でもある西沢祐が
ライフワークとしている、日本語のハワイ語辞書。
2016年に出版した「新ハワイ語-日本語辞典」に、
さらに単語の収録数を増やし、初めての人にもわか
りやすいように手引書として再編集。442ページ。
2021年出版。
西沢祐著／千倉書房

『HĀNAU KA UA / HAWAIIAN RAIN NAMES（ハーナウ・カ・ウア ハワイアン・レイン・ネームズ）』（洋書）⑤

クムフラでもある著者が、編集者である娘と共に、
ハワイ各地に降る約250の雨の名前を集めた書。

ハワイ島の人気テキスタイルデザイナー、シグゼーンのイラストが表紙や中ページに用いられた、お洒落な雨の本。2015年発刊。
コレット・レイモミ・アカナ＆キエレ・ゴンザレス著／Kamehameha Publishing

『HAWAIIAN MELE 100 / ハワイアン・メレ400曲』⑥
フラのお馴染みソングから最近の曲、少しマニアックな曲まで、ハワイアン・ソング400曲の解説と日本語訳を収録。フラダンサー、ウクレレ好き、ハワイアンミュージック愛好家必携。サイズ215×154ミリ、637ページ。
鳥山親雄著／文踊社

【ハワイの神話に触れてみよう】

『ペレ　ハワイの火山の女神』⑦
ハワイ島キラウエア火山のハレマウマウ火口に棲むという女神ペレ。古来よりハワイアンが信じてきたペレ伝説は、フラにとっても欠かせないテーマ。ハワイで出版された本の日本語訳版。著者は画家ハーブ・カーネ。翻訳はペレ神話に詳しい新井朋子。
ハーブ・カワイヌイ・カーネ著、新井朋子訳／ホクラニ・インターナショナル（文踊社）

『フラの花100 / ハワイで出会う祈りの植物』⑧
著者はエッセイストで翻訳家、フラについても詳しい近藤純夫。100のハワイの花や植物が、フラや儀式でどう使われるか、ハワイアンの文化にも触れられる1冊。
近藤純夫著／平凡社

『The epic tale of Hiʻiakaikapoliopele（ザ・エピック・テイル・オブ・ヒイアカイカポリオペレ）』(洋書)⑨
女神ペレの妹ヒイアカイカポリオペレの叙事詩（ハワイ語）375篇を英語で紹介。ハワイでもっとも重要で、フラでもよく踊られる神話。ただし、かなり難しいので英語が得意なチャレンジャー向き。
ホオウルマーヒエヒエ著、ブアケア・ノゴマイヤー訳／Awaiaulu

『神話と歴史で巡るハワイの聖地』⑩
ハワイの歴史の舞台となった場所や、神話に登場する場所を実際に訪れるというライフワークを、著者は30年間続けた。カラカウア王やリリウオカラニ女王、神話ペレとヒイアカが眺めた風景や場所を紹介。フラダンサーやハワイ好きなら興味津々な1冊。B6サイズ、380ページ。
新井朋子著／文踊社

①
②
③
④
⑤

⑥
⑦
⑧
⑨
⑩

フラとは神々への祈りそのもの

　フラの発祥は単純な踊りではなく、「神々への祈り」そのものでした。現代ではその風習も薄れつつあり、本場ハワイにおいても古来から伝わるフラを学ぶ機会は非常に少なくなってきています。しかし時代の移り変わりの中で、ハワイアンはその生活や風俗を、言葉と踊りとして残してきました。

　フラはハワイそのものを示す言葉です。ハワイアンが自分たちのアイデンティティーを守りつつ「生きる」、ということに直結したエネルギーの産物なんだと思うのです。彼らは自然のリズムに合わせた生活を送り、常に自然との調和を図っているのだと感じます。雨や風や光や闇をまとう「天」の気質、植物や山川を育む「大地」、私たちは天と地を結ぶパイプラインのような存在なのです。雨が植物に向かって舞い降りる喜びも、植物が今か今かと待ち望んだ雨をいただく喜びも、その喜びすべてを感じて伝えていくということが、私たちフラダンサーの役目なのかもしれません。

　フラを踊る時に必要な要素はテクニックやスタイルではなく、人としての自然な姿や行動なのです。そんな、人としての当たり前の感情に日常的に気づく【感性を磨く】ことが、僕にとってのフラ。大事なのは、フラそのものではなく、たまたまフラと出会ったことで、私たちの身の回りに当たり前にあるものが、とても大切だと気づく、感謝の気持ちを持つことが重要なんです。

　天にも大地にも人にも感謝しつつ、笑顔でエネルギーを送り出せるフラを、真摯に、真面目に取り組んでいることも、「やってみよう」のように「楽しむ」という角度から取り組むということも、すべては【喜び】に通じるんだということなのだと思います。奥様であろうと、恋人であろうと、両親であろうと、子どもたちであろうと、仲間であろうと、生徒であろうと、結局は笑っていてくれたら、それが喜びです。

#あなたが笑えば世界は輝く

天と地をつなぐ
素晴らしきメンズフラの世界

2024年5月31日　初版発行

著者　田中 新
発行者　山下 直久
編集　小川純子（アーティストアライアンス出版課）
出版マーケティング局　近部公子　岡部修美
生産管理局　坂本美香
発行　株式会社KADOKAWA
〒102-8177
東京都千代田区富士見2-13-3
電話 0570-002-301（ナビダイヤル）
印刷・製本　大日本印刷株式会社

●お問い合わせ
https://www.kadokawa.co.jp/
（「お問い合わせ」へお進みください）
※内容によっては、お答えできない場合があります。
※サポートは日本国内のみとさせていただきます。
※Japanese text only

©SHIN TANAKA
©KADOKAWA CORPORATION 2024
ISBN 978-4-04-737851-3　C0077　Printed in Japan
日本音楽著作権協会（出）許諾第2402625-401号
定価はカバーに表示してあります。